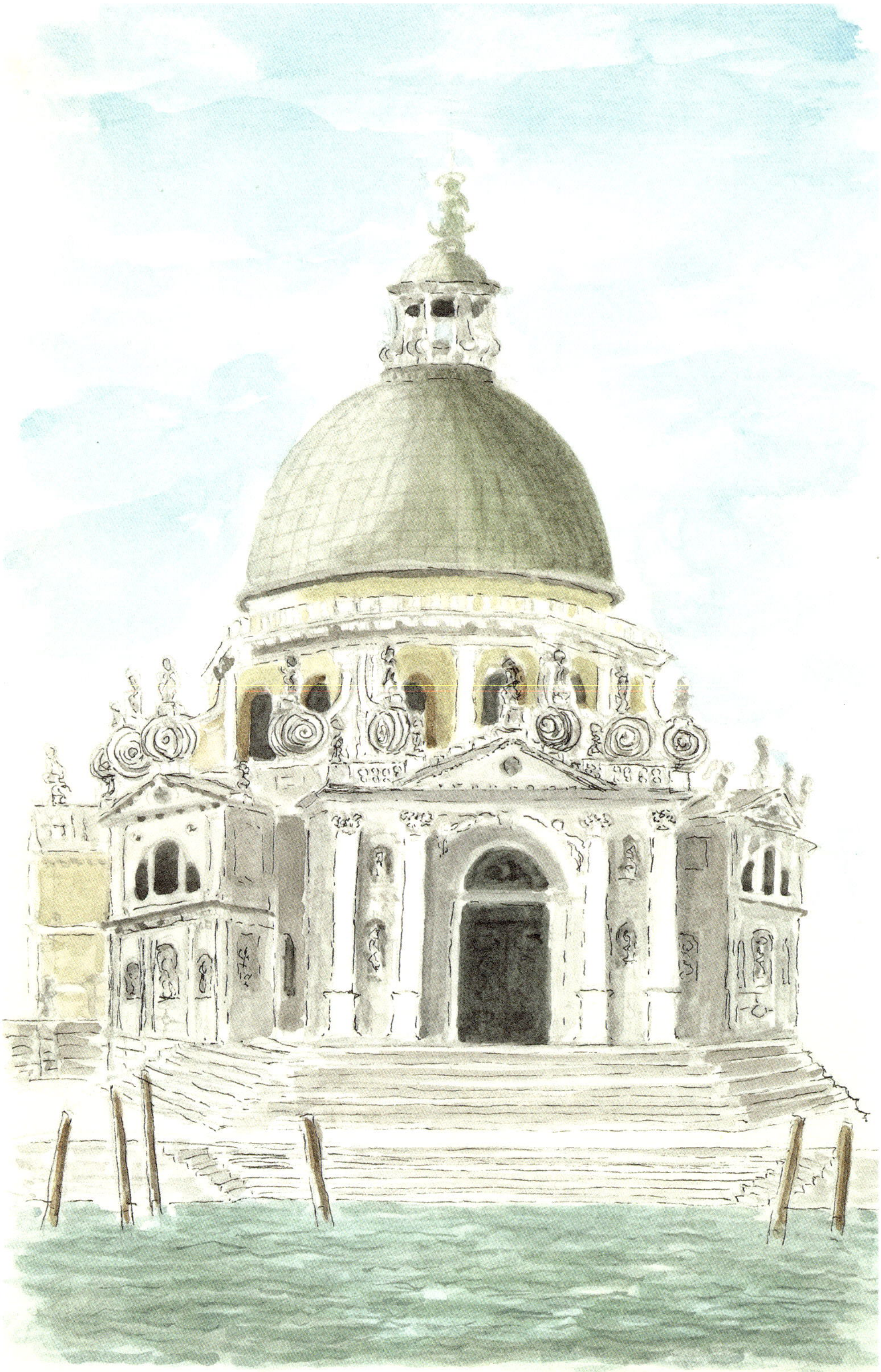

Santa Maria della Salute, Venice/Venise

Dare to Draw
La passion du dessin

SEAN B. MURPHY

Foreword by | Avant-propos par ALEX COLVILLE

Visual Arts Centre | McClure Gallery   Centre des arts visuels | Galerie McClure
Montréal, 2008

Published by the Visual Arts Centre
350 Victoria Avenue, Montréal, Québec H3Z 2N4

Library and Archives Canada Cataloguing in Publication

Murphy, Sean B., 1924–
Dare to draw / Sean B. Murphy; foreword by Alex Colville = La passion du dessin / Sean B. Murphy; avant-propos par Alex Colville.

Victoria LeBlanc, editor; Denis Lessard, translator.
Text in English and French.
ISBN 978-0-9734462-6-5

1. Drawing–Study and teaching. I. LeBlanc, Victoria, 1949– II. Lessard, Denis. III. Visual Arts Centre (Montréal, Québec) IV. Title. V. Title: Passion du dessin.

NC650.M87 2008 741.2 C2008-906410-0E

Legal Deposit
Library and Archives Canada, 2008
Bibliothèque et Archives nationales du Québec, 2008

PRINTED AND BOUND IN CANADA

Publié par le Centre des arts visuels
350, avenue Victoria, Montréal, Québec H3Z 2N4

Catalogage avant publication de Bibliothèque et Archives Canada

Murphy, Sean B., 1924-
Dare to draw / Sean B. Murphy; foreword by Alex Colville = La passion du dessin / Sean B. Murphy; avant-propos par Alex Colville.

Victoria LeBlanc, éditrice; Denis Lessard, traducteur.
Texte en anglais et en français.
ISBN 978-0-9734462-6-5

1. Dessin–Étude et enseignement. I. LeBlanc, Victoria, 1949– II. Lessard, Denis. III. Centre des arts visuels (Montréal, Québec) IV. Titre. V. Titre: Passion du dessin.

NC650.M87 2008 741.2 C2008-906410-0F

Dépôt légal
Bibliothèque et Archives Canada, 2008
Bibliothèque et Archives nationales du Québec, 2008

IMPRIMÉ ET RELIÉ AU CANADA

Contents

Table des matières

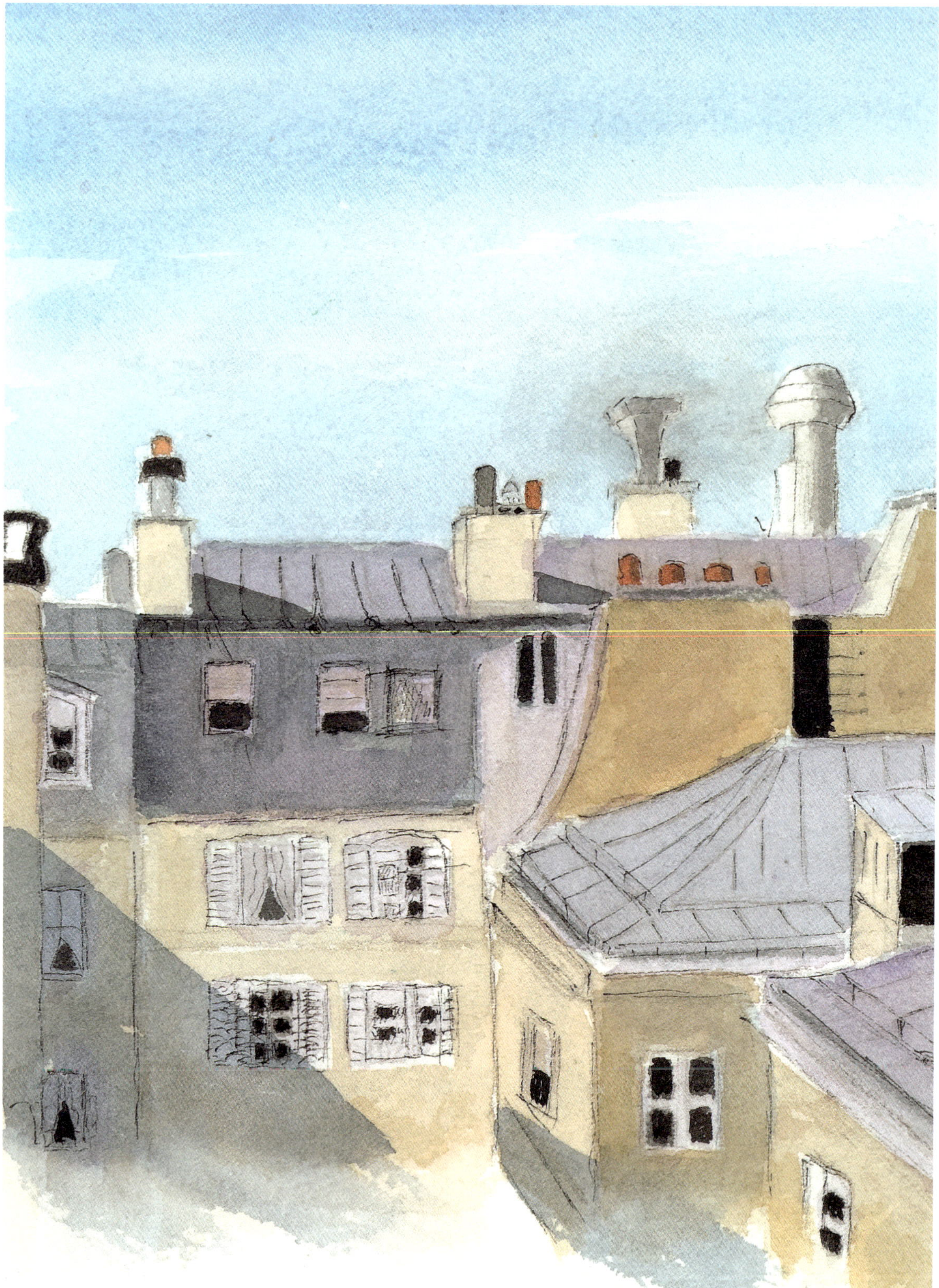

Paris Rooftops / Toits de Paris

Acknowledgments

I am most grateful to the many people who helped make this book possible. To Harry Meyerovitch who strongly encouraged me to write about the pleasures of drawing and no less to sketch whenever I travelled. To my teachers, in particular, Kay Aubanel, Susan Fowler and especially Leslie Coppold, for their patience in putting up with me as I struggled to learn. And to my fellow sketchers – Carolyn, Harry, Bill, Rita, George, Abe, Elaine, Sandra and Liz – for all the good times we shared.

To my wife Anne and all the members of my family for their unfaltering support from the very beginning. To Francine Lavoie whose expertise helped to ensure the highest quality of publication. To Paul Lavallée for all his help. To Brian Merrett for his work in photographing all the drawings and watercolours. And to my editor Victoria LeBlanc who was there every step of the way, week by week, and without whom this publication would not have been possible.

Remerciements

Je suis très reconnaissant envers tous ceux et celles qui m'ont aidé à produire ce livre. À Harry Meyerovitch, qui m'a vivement encouragé à écrire sur les plaisirs du dessin et à faire des croquis lors de mes voyages. À mes professeurs et, en particulier, Kay Aubanel, Susan Fowler et tout spécialement Leslie Coppold, pour m'avoir supporté patiemment tandis que j'apprenais avec difficulté. À mes compagnes et compagnons de dessin – Carolyn, Harry, Bill, Rita, George, Abe, Elaine, Sandra et Liz – pour tous les bons moments que nous avons passés ensemble.

Merci à mon épouse Anne et à tous les membres de ma famille, pour leur appui indéfectible depuis les débuts. À Francine Lavoie, dont l'expertise a permis la plus haute qualité en termes de publication. À Paul Lavallée, pour toute son aide. À Brian Merrett, le photographe qui a documenté tous les dessins et les aquarelles. Et à mon éditrice Victoria LeBlanc pour sa présence à chaque étape, semaine après semaine, et sans qui cette publication n'aurait pas vu le jour.

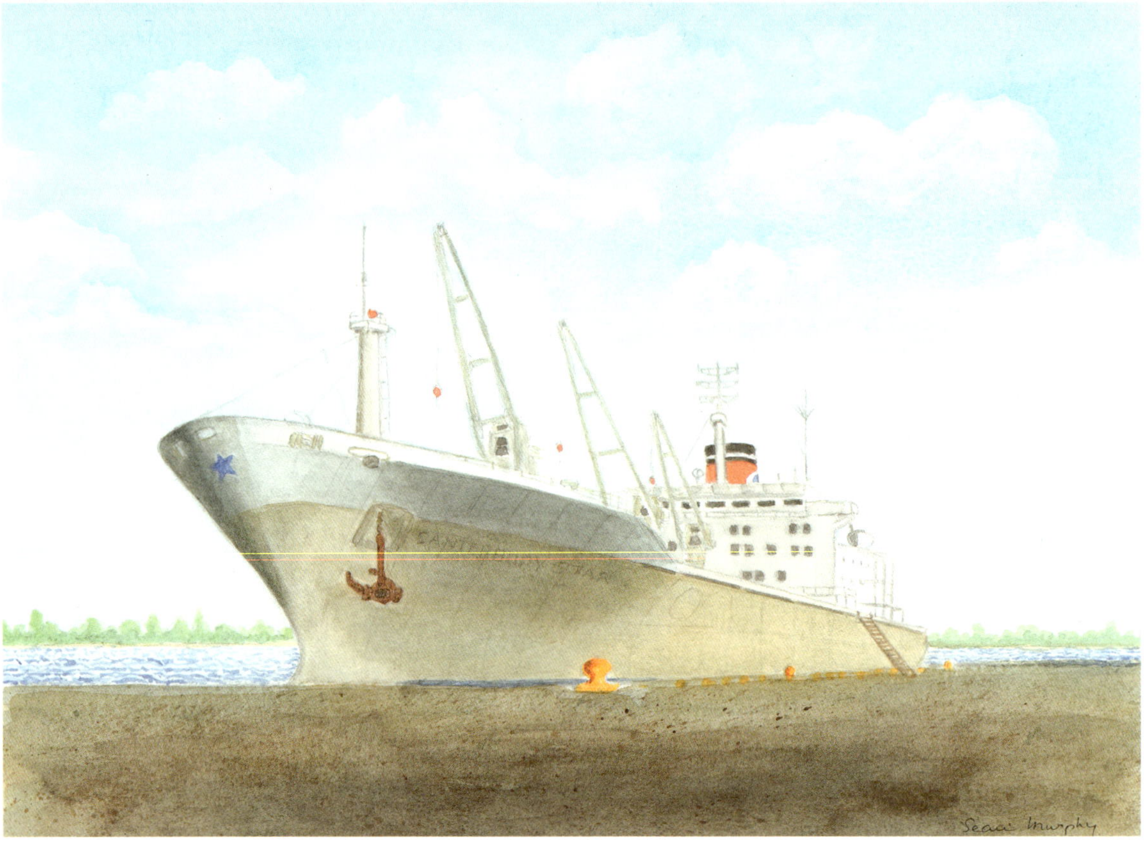

Freighter, Fort Pierce, Florida / Cargo, Fort Pierce, Floride

Foreword

Sean Murphy and I met on various committees concerned with the visual arts over the last few decades. I knew that he was a distinguished ophthalmologist and also a person deeply interested in the visual arts – perhaps not an unusual combination. He has been a devoted draughtsman for years and also a skilled painter in watercolour. He seems to have a strong interest in architecture and has done some admirable paintings of buildings. He once told me that all his teaching of eye surgery had to be done on a one-to-one scale – one pupil at a time. I think the teaching of art is on that scale – by necessity – so it is not surprising that he is so good at his profession – and at his hobby. This book is evidence of conjoined skills.

ALEX COLVILLE
August 17, 2008

Avant-propos

J'ai rencontré Sean Murphy à l'occasion de plusieurs comités en arts visuels, depuis quelques décennies. Je savais qu'il était un ophtalmologue réputé, et qu'il s'intéressait de près aux arts visuels, ce qui n'est peut-être une combinaison inhabituelle. C'est un dessinateur fervent depuis de nombreuses années, ainsi qu'un aquarelliste doué. Il me paraît nourrir un vif intérêt pour l'architecture, et il a produit d'admirables peintures d'édifices. Il m'a dit un jour que tout son enseignement de la chirurgie oculaire avait dû être fait individuellement, avec un étudiant à la fois. Je crois que l'enseignement des arts est de même nature, par nécessité. Ce n'est donc pas étonnant qu'il excelle dans sa profession et dans son passe-temps. Ce livre témoigne de la confluence de ces talents.

ALEX COLVILLE
17 août 2008

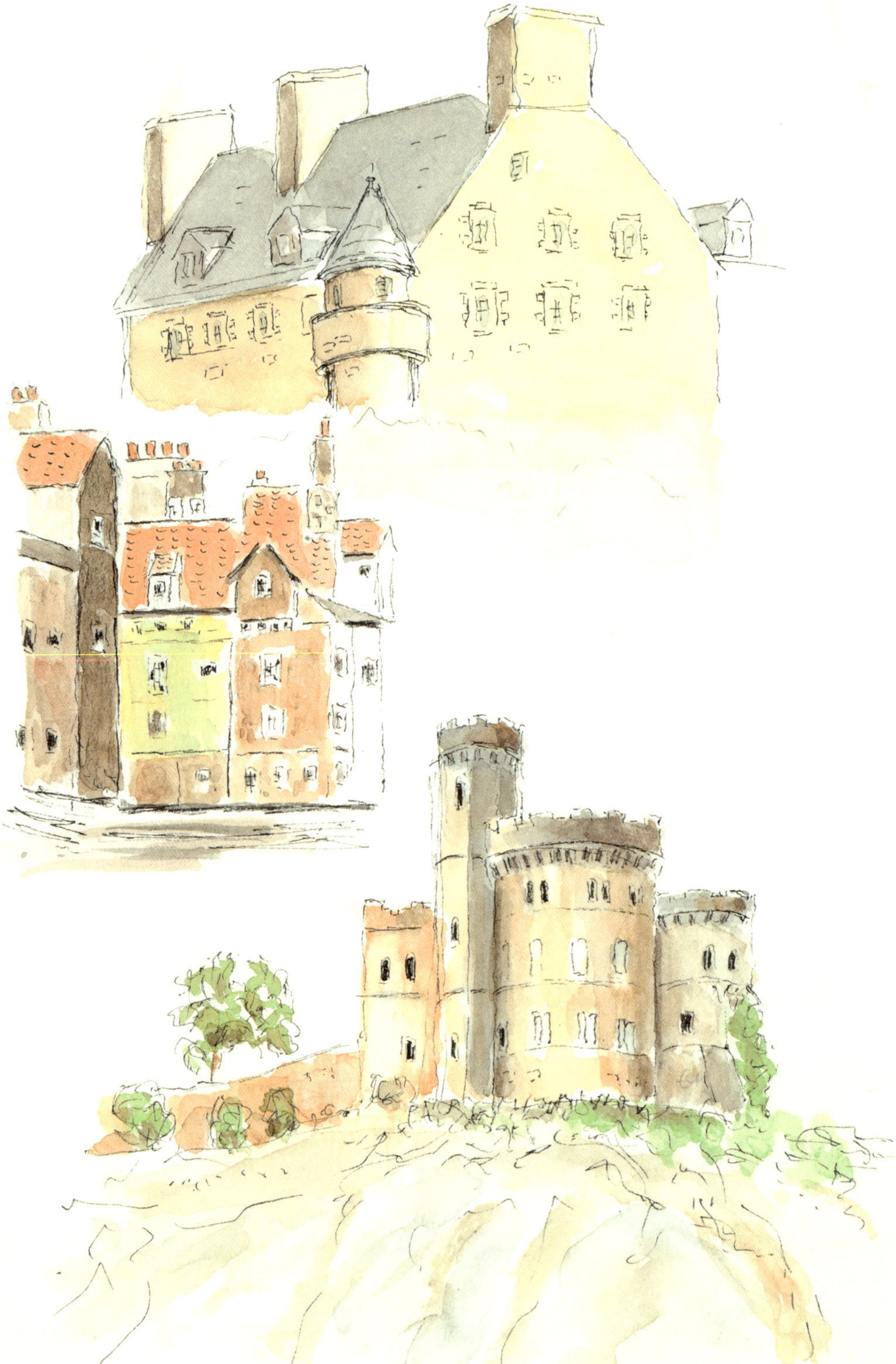

Introduction

I'm an octogenarian ophthalmologist with a passion – art! It began with sketching, drawing and doodling and now includes painting, more precisely, watercolour. At the latest count, I have some fifty-six sketchbooks lining my shelves, sure evidence that, despite self-doubt, I dared to begin a journey and to stay with it. Not only have I learned to do these things – draw, sketch and paint – I've derived the deepest pleasure from the doing. Moreover, I have learned to see, to really see. For an eye surgeon, that is no small disclosure.

And thus I am driven to write this book, not because I'm a great artist but precisely because I am *not* a great artist. This book is written out of a sheer desire to inspire you with my enthusiasm – a kind of shout from the rooftops! I want to share my experiences in learning, to tell you about the joy of the process and to inspire you to embark on your own art adventure. If you already sketch, doodle or draw, I hope this book encourages you to continue with renewed vigour. If you've let yourself be distracted by the never-ending demands of daily life, but once found pleasure in drawing, then hopefully you'll be persuaded to take up the mantle once again.

Introduction

Je suis un ophtalmologiste octogénaire et j'ai une passion : l'art ! J'ai commencé par faire des croquis, du dessin et du griffonnage, puis de la peinture, plus précisément de l'aquarelle. À ce jour, la cinquantaine de carnets de dessins qui garnissent mes rayonnages sont la preuve que, malgré le doute, j'ai osé entreprendre un parcours et y demeurer fidèle. Non seulement ai-je appris à faire ces choses – dessiner, faire des croquis et peindre –, j'en tire un immense plaisir. En outre, j'ai appris à voir, à voir vraiment. L'aveu n'est pas faible pour un chirurgien de l'œil.

C'est ainsi que j'en suis venu à rédiger ce livre, non pas parce que je suis un grand artiste, mais précisément parce que je *ne suis pas* un grand artiste. J'ai simplement écrit cet ouvrage afin que mon enthousiasme vous inspire : comme si je le criais sur tous les toits ! J'aimerais partager avec vous mes expériences d'apprentissage, vous communiquer la joie du faire, et vous inciter à vous lancer dans votre propre aventure de création. Si vous pratiquez déjà le croquis, le griffonage ou le dessin, j'espère que ce livre vous encouragera à poursuivre avec une énergie renouvelée. Si vous vous êtes laissés distraire par les exigences incessantes de la vie quotidienne, mais que vous avez

Edinburgh, Scotland
Walking down the Royal Mile towards the Queen's Palace, a large yellow house came into view. Three imposing chimneys spoke of fireplaces and warmth – vital for the cold, damp days of winter. A corner turret anchored the house. Further along, across a deep divide, a castle complete with a crenellated tower. I chose to draw with a fine pen and added watercolour.

Édimbourg, Écosse
Tandis que je marchais le long du Mille royal vers le Palais de la reine, une imposante maison jaune est apparue sur mon chemin. Ses trois grandes cheminées évoquaient des foyers et la chaleur vitale pendant l'hiver froid et humide. Une tourelle d'angle arrimait la maison. Plus loin, au-delà d'un large fossé, un château avec une tour crenelée. J'ai choisi de faire mon dessin à l'aide d'une plume fine, et de le rehausser à l'aquarelle.

People often say, "I have no talent" or "I can't draw a straight line." The assumption here is that you cannot be taught. Nothing could be further from the truth. I started this journey with no special talent, no unusual gift. Now I can draw the lines of a tree, the shape of a cloud or the curved arch of a cathedral with a certain skill. I firmly believe that most of us can learn to draw. Moreover, we can learn to draw *well.*

In the pages ahead I recount my own art journey and share with you some of the pencil and

déjà trouvé plaisir à dessiner, j'espère que vous serez persuadés de reprendre le flambeau.

Les gens disent souvent : « Je n'ai pas de talent » ou : « Je ne peux pas dessiner une ligne droite. » Vous supposez que vous ne pouvez recevoir d'enseignements. Je sais par expérience personnelle que cela est faux. J'ai commencé ce parcours sans talent ni don particulier. Maintenant j'arrive à dessiner les lignes d'un arbre, la forme d'un nuage ou la voûte d'une cathédrale avec une certaine habileté. Je crois fermement que la plupart

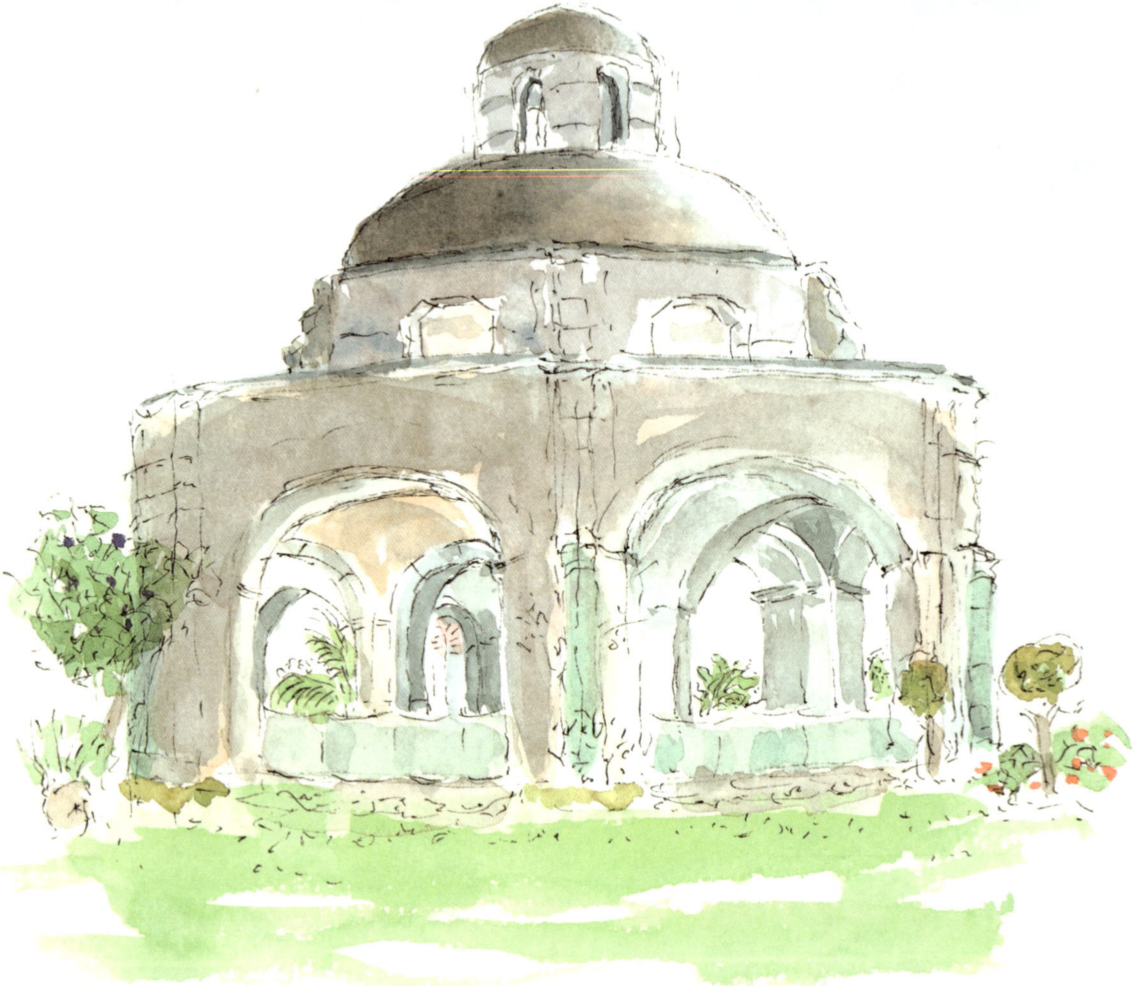

Fountain, Camino Real Garden, Oaxaca, Mexico / Fontaine, Jardin du Camino Real, Oaxaca, Mexique

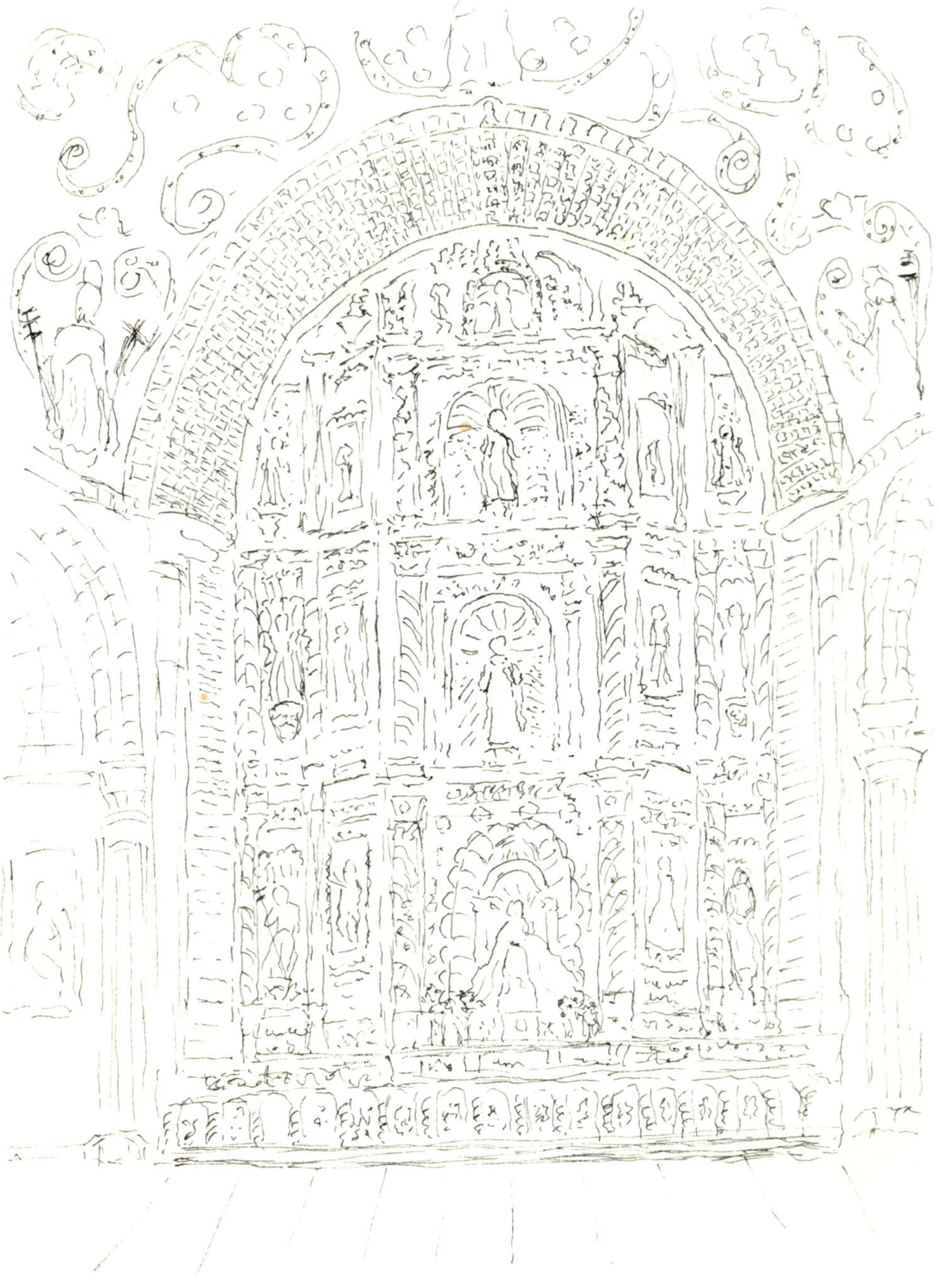

Santo Domingo Church, Oaxaca, Mexico (ink drawing)
Tranquillity. Alone, surrounded by rich golden decorations, I sat and thought: how to capture the feeling of this interior built to the glory of God? I began by observing, contemplating and absorbing the quiet atmosphere. The urge to sketch took over; I left aware of being moved by a deeper feeling than would have occurred had I not sketched.

Église Santo Domingo, Oaxaca, Mexique (dessin à l'encre)
Une impression de tranquillité. J'étais assis parmi les opulentes décorations dorées et je me demandais comment traduire mes impressions de cet intérieur consacré à Ia gloire de Dieu. J'ai commencé par observer, contempler et m'imprégner de l'atmosphère. Je fus ensuite pris par l'envie pressante de dessiner; je quittai les lieux en étant conscient que j'étais ému plus profondément que si je n'avais pas fait de dessin.

ink drawings, doodles and watercolours that fill my sketchbooks. The works reproduced here were done over several years. They bear witness to my awkward beginnings but also include small pieces of which I am fairly pleased. Most importantly, they are all living proof that where there is persistence, there are results. No matter your age or path, it is not too late to pick up a pencil or brush and start. If I can do it, so can you.

d'entre nous sommes capables d'apprendre à dessiner. Qui plus est, nous pouvons apprendre à *bien* dessiner.

Dans les pages qui suivent, je raconte mon parcours artistique et je vous dévoile certains dessins à l'encre et au crayon, griffonnages et aquarelles qui remplissent mes carnets à dessins. Les œuvres qui figurent dans ces pages ont été produites sur plusieurs années. Elles témoignent de mes débuts difficiles, mais comprennent également des petits travaux dont je suis assez fier. Par-dessus tout, elles constituent la preuve vivante qu'avec de la persévérance, on obtient des résultats. Peu importe votre âge et votre chemin, il n'est pas trop tard pour prendre un crayon ou un pinceau et commencer. Si je peux le faire, c'est que vous le pouvez, vous aussi !

Cathédrale Notre-Dame and Archbishop's Palace, Québec
Walking down the steep hill from the Chateau Frontenac the tall steeple and rounded apse of the church suddenly came into view - a green copper roof, mounted pillars, an entry gate and trees. The challenge was to simplify and arrange all these shapes into one composition, ignoring traffic and crowds.

Cathédrale Notre-Dame et Archevêché, Québec
En descendant la pente escarpée depuis le Château Frontenac, la haute tour et l'abside arrondie de l'église sont apparues soudainement : un toit de cuivre verdi, des piliers ornés, une grille d'entrée et des arbres. J'avais le défi de simplifier et d'arranger toutes ces formes en une même composition, tout en ignorant la circulation et les foules.

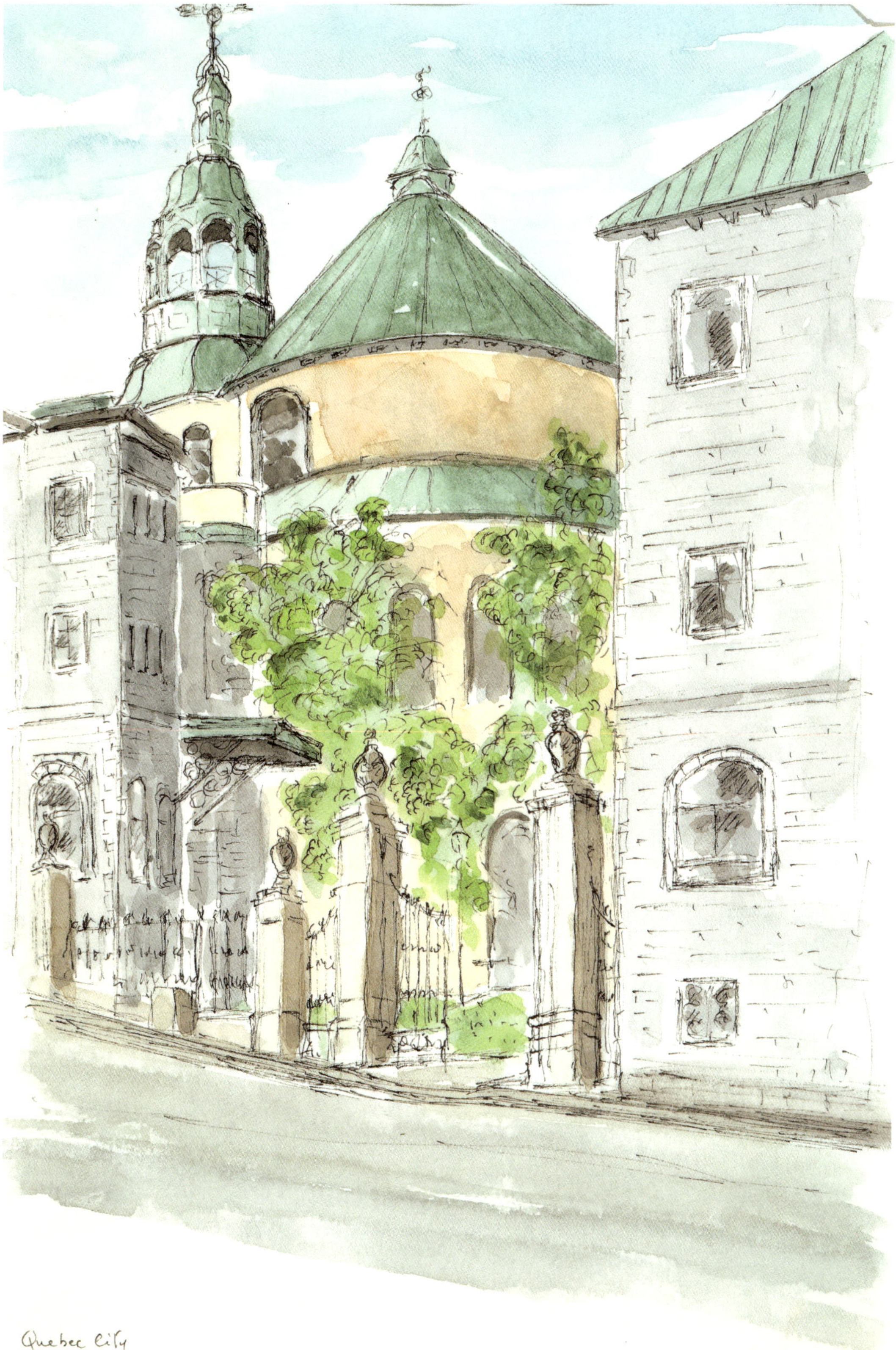

Quebec City
July 6 '93

Beginnings

As I look back, the decision to draw added enormously to my life. It was a critical decision but it was not taken early.

By age fifteen, I knew medicine was what I wanted to pursue and this led to McGill Medical School, from which I graduated in 1947. I then decided to specialize in Ophthalmology, a field that had always interested me, especially since my grandfather was an ophthalmologist. After much thought, I enrolled in a three-year programme of training. The fascination of the field, the precision of eye surgery and the opportunity to help people were important factors in making this decision. In addition, the structure of the eye had an inherent beauty and, in looking back, this probably exerted some influence.

I then joined the McGill University Department of Ophthalmology, which involved teaching, performing eye surgery and looking after patients.

My parents were both artists. I remember sitting at a long table when I was young, father at one end, mother at the other and I in the middle. They would both be engrossed, working on an etching plate or drawing in a sketchbook. They went on to have successful careers particularly as printmakers, but despite their success, during my adolescence I was strongly discouraged from pursuing art. They did not discourage my *appreciation* of art however – I would often travel in the summer with my mother, visiting museums and galleries. But as for becoming an artist, they were adamantly against it.

Years went by; I was focused full-time on my career. Every now and then I would pick up a pencil and try to draw a scene outside the window. But I was in my mid-fifties when my real 'art' journey began. The mid-fifties are a time when the idea of retirement begins to intrude more forcefully into one's thoughts. I was keenly

Les débuts

Rétrospectivement, je peux dire que ma décision de commencer à dessiner a grandement changé ma vie. C'était une décision cruciale, mais je ne l'ai pas prise de bonne heure.

À l'âge de 15 ans, je savais que je voulais étudier la médecine, ce qui m'a conduit à l'école de médecine de l'Université McGill, de laquelle j'ai obtenu mon diplôme en 1947. J'ai ensuite décidé de me spécialiser en ophtalmologie; je me toujours intéressé à ce domaine, d'autant plus que mon grand-père était ophtalmologue. Après mûre réflexion, je me suis inscrit à un programme de formation d'une durée de trois ans. La fascination pour ce spécialité, la précision de la chirurgie des yeux, et la possibilité d'aider des gens, furent des facteurs importants dans ma décision. En outre, la structure de l'œil avait sa beauté propre, et quand j'y repense, cela aussi a probablement influencé ma décision.

Je me suis ensuite affilié au département d'ophtalmologie de l'Université McGill, où j'ai enseigné, pratiqué la chirurgie des yeux et me suis occupé des patients.

Mes parents étaient tous deux des artistes. Enfant, je me souviens d'avoir été assis à une longue table avec mon père à une extrémité, ma mère à l'autre, et moi au milieu. Ils étaient tous les deux absorbés par leur travail, burinant une plaque d'estampe ou dessinant dans un carnet. Ils ont mené de brillantes carrières, notamment en gravure, mais malgré leur succès, à l'adolescence, ils m'ont fortement déconseillé d'étudier les arts. Toutefois, ils n'ont pas découragé mon *appréciation* des arts : l'été, je voyageais souvent avec ma mère, et nous visitions des musées et des galeries. Mais ils s'opposaient catégoriquement à ce que je devienne moi-même un artiste.

Les années passèrent; j'étais engagé à fond dans ma carrière. De temps à autre, je prenais un crayon et j'essayais de dessiner une scène entre-

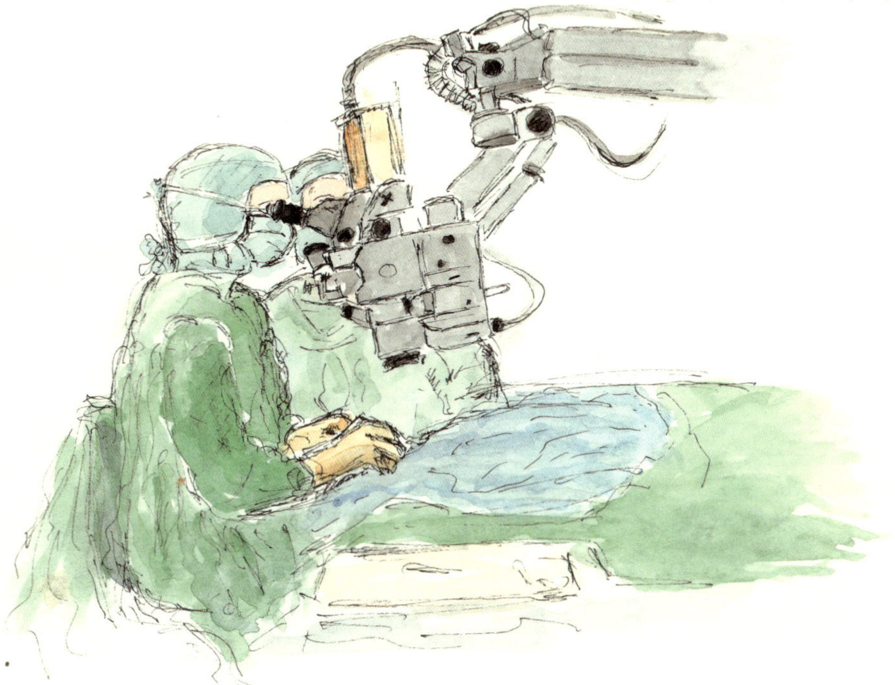

Eye surgery, Royal Victoria Hospital, Montréal, Québec
Chirurgie des yeux, Hôpital Royal Victoria, Montréal, Québec

aware that while retirement might bring enormous freedom, it could also mean bidding farewell to activities that had given life a depth of purpose. I began to contemplate the looming question of what I would do, where I would turn my energies when the fateful day arrived.

Several retiring friends seemed to have little idea of what to do with their newly found freedom. At a time when they could do as they pleased, they were floundering. They'd research alternatives, try their hand at this and that, get inspired for two months, frustrated for two more, then commence the quest all over again. In the end, many settled on golf!

Unfortunately, in my case, golf was not an alternative. Sports had always eluded me and, I felt, would elude me even more successfully as muscles atrophied and the spine stiffened. No, I wanted something to accompany me on a journey to the end or close to it. I wanted to be

vue par la fenêtre. Mais c'est au milieu de la cinquantaine que j'ai commencé mon véritable parcours artistique. Le milieu de la cinquantaine est une époque où l'on commence à penser plus sérieusement à la retraite. J'étais profondément conscient que la retraite pouvait donner beaucoup de liberté, mais cela pouvait aussi signifier la fin des activités qui donnaient un sens à la vie. J'ai alors commencé à réfléchir sur ce que j'allais faire, à quoi j'allais consacrer mon énergie, lorsque surviendrait le jour fatidique.

Plusieurs de mes amis nouvellement retraités ne semblaient pas savoir quoi faire de leur liberté. Maintenant qu'ils auraient pu faire à leur guise, ils traversaient une mauvaise passe. Ils cherchaient des solutions, ils essayaient ceci ou cela, trouvaient de l'inspiration pendant deux mois, étaient frustrés les deux mois suivants, puis reprenaient leur quête à zéro. En fin de compte, plusieurs d'entre eux se sont décidés pour le golf !

engaged in something invigorating and pleasantly challenging that could keep brain cells active and even stimulate new ones!

I was quickened on my quest for a retirement project by the famous neurosurgeon, Wilder Penfield, founder of the Montréal Neurological Institute. As one of his students, I felt there could be no better person with whom to discuss aging and the brain. Both in our conversations and in his popular essay, *The Second Career,* Penfield argued vigorously for the wisdom of a second occupation to keep us mentally fit and to ward off the psychological malady he termed 'pseudo-senility' or 'false senility.'[1] His words served to reinforce my intuition that what we need upon retirement is not rest but a new occupation, a new passion. Rest alone, as Penfield puts it, results in rust. "The rhubarb that no one picks goes to seed."[2]

Preparation for a second career should be undertaken long before the age of sixty, preferably in the forties, Penfield notes. Obviously, then, my quest was begun none too soon. I needed to start planning actively, even though I was still some years away from an actual retirement date.

So what would be my second career? Should I continue working but at a slower pace, take up teaching or writing? Should I study history or literature? Should I travel? I did some mental self-evaluation. I liked many things, but certainly my enjoyment of museums stood above all else:

Malheureusement, dans mon cas, le golf n'était pas une solution. Je n'ai jamais été très sportif et je sentais qu'il en serait encore davantage ainsi, avec l'atrophie des muscles et le raidissement de la colonne vertébrale. Non, je voulais quelque chose qui allait m'accompagner jusqu'à la fin ou presque. Je voulais m'engager dans quelque chose de motivant, pour garder actives les cellules de mon cerveau, et même en stimuler de nouvelles !

Ma recherche d'un projet de retraite fut aiguillonnée par le célèbre neurochirurgien Wilder Penfield, fondateur de l'Institut neurologique de Montréal. Il ne pouvait y avoir de meilleure personne avec qui discuter du vieillissement et du cerveau. Lors de nos conversations et dans son ouvrage populaire intitulé *The Second Career* (La deuxième carrière), Penfield argumente avec insistance sur la sagesse d'une deuxième occupation qui garde mentalement alerte et prévient le mal psychologique qu'il a appelé « pseudo-sénilité » ou « fausse sénilité[1] ». Ses paroles ont confirmé mon intuition : au moment de la retraite, ce n'est pas du repos dont nous avons besoin, mais d'une nouvelle occupation, d'une nouvelle passion. Comme l'exprime Penfield, le repos seul produit de la rouille : « La rhubarbe qui n'est pas cueillie monte en graine[2]. »

Penfield fait remarquer que l'on doit entreprendre la préparation d'une seconde carrière bien avant la soixantaine, et préférablement durant la quarantaine. Manifestement, ma

Ravello, Italy
The town of Ravello lies perched high above the Amalfi drive. I chose a table at one of the several cafés and began to sketch. Periodically a talkative waiter kept an eye on me. "It's going well," he said, "but you need more colour on the buildings." And so it went for the lower sketch, back and forth with his running commentary. The upper sketch was done from a higher terrace looking down past an old church ending with the blue Mediterranean. Ravello had many other views. One day is not enough; I vowed to return and spend several days in this great sketching site.

Ravello, Italie
Le village de Ravello surplombe la côte amalfitaine. Arrivé sur une place entourée de cafés, j'ai choisi une table et j'ai commencé à dessiner. De temps à autre, un serveur loquace m'observait. « C'est bien », disait-il, « mais il faudrait plus de couleur pour les édifices. » Ainsi s'est déroulé le croquis du bas, entrecoupé de son commentaire détaillé. Le croquis du haut a été fait depuis une terrasse plus élevée donnant sur une vieille église, avec la Méditerranée bleue à l'arrière-plan. Ravello offrait plusieurs autres points de vue. Je n'avais pas assez d'une seule journée : je me suis juré d'y retourner pour passer plusieurs jours dans ce paradis pour les dessinateurs.

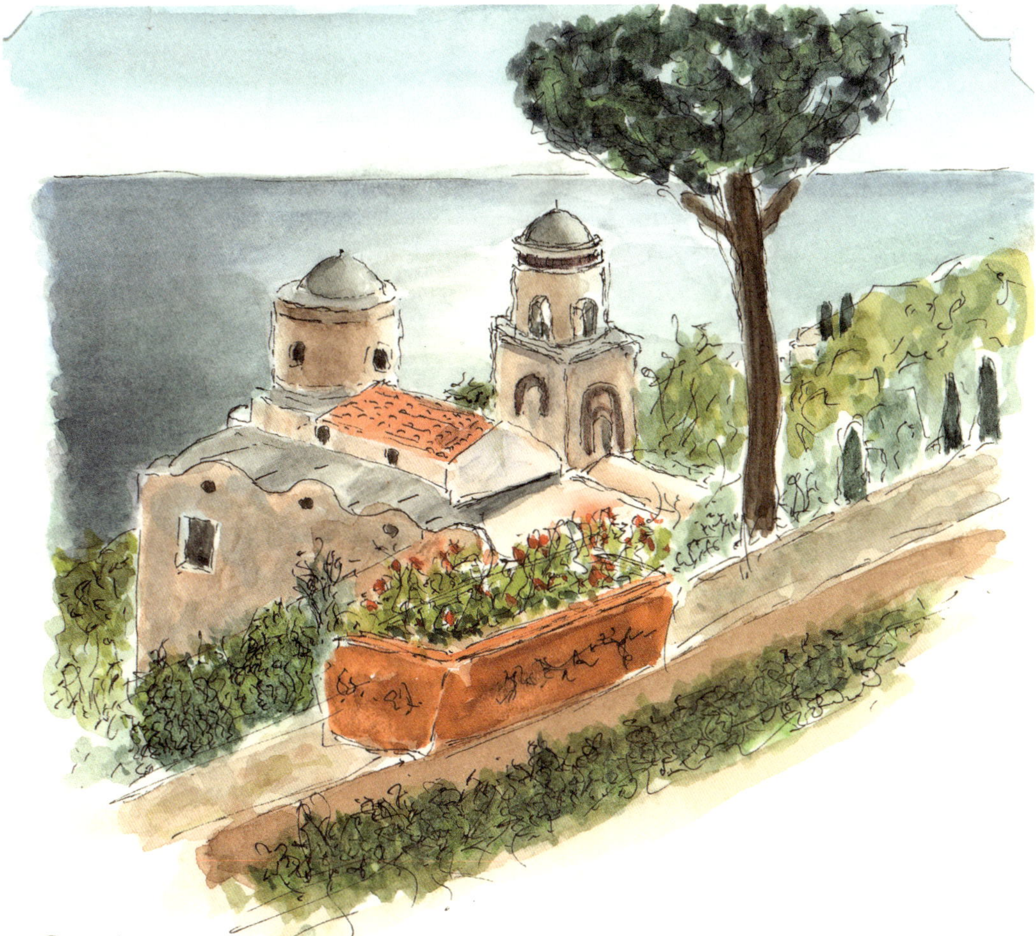

Ravello

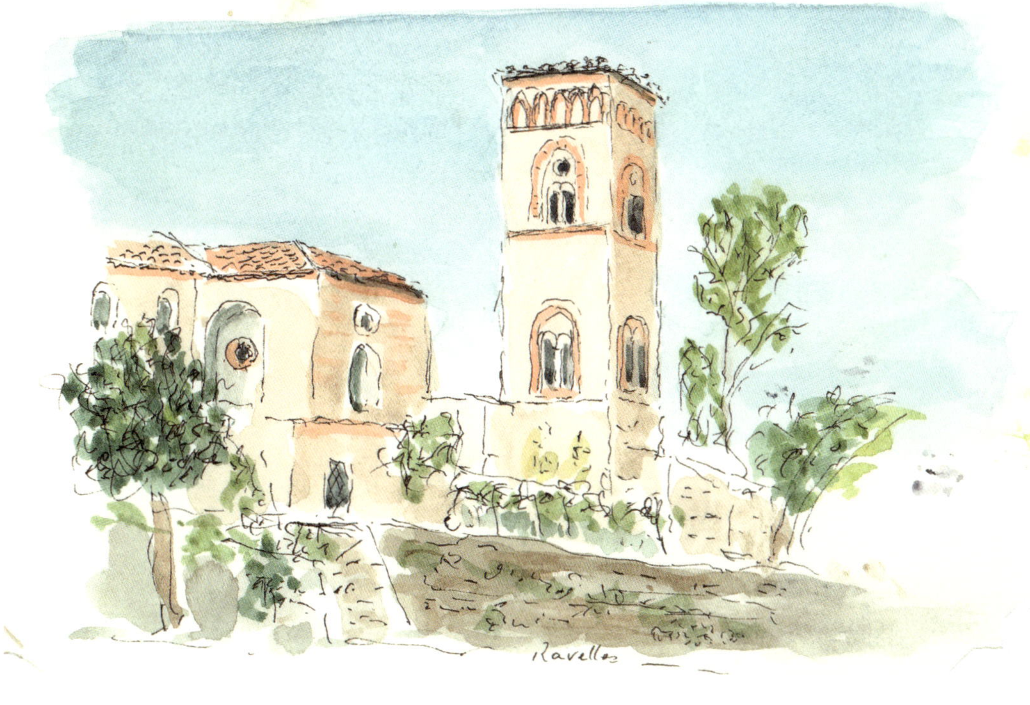

visiting museums and looking at art had always brought me a profound and abiding pleasure. When travelling, which I did often in my career, museums and galleries were my first destinations. Invariably I came away with handfuls of reproductions and postcards, reminders of the treasures seen in places such as Rome, Venice, Paris, London and Istambul.

For a time I seriously considered delving more deeply into art history. But would studying bring the kind of rich engagement I sought? Something Winston Churchill wrote in his entertaining book, *Painting as a Pastime*, resonated deeply with me:

The most common form of diversion is reading but...reading and book-love in all their forms suffer from one serious defect; they are too nearly akin to the ordinary daily round of the brain-worker to give that element of change and contrast essential to real relief. To restore psychic equilibrium we should call into use those parts of the mind which direct both eye and hand. Best of all and easiest to procure are sketching and painting in all their forms.[3]

Churchill's argument reinforced my inclination. I needed not to read about art but to actively learn to draw and paint. I had never pursued drawing in earnest but my enjoyment in looking at art led me to ask, "Shouldn't I at least try?"

How to begin was the next question. Would some latent childhood ability re-emerge with the purchase of pencil and paper? Should I try sketching on my own or submit to a few lessons? Having no real experience since childhood, and having only haphazardly tried my hand at drawing over the years with less than satisfying outcomes, I decided to opt for lessons.

After searching for a suitable institution in the community, I enrolled in an oil painting course at the Visual Arts Centre, an alternative art school in Montréal. I suspect that in some deep recess of my mind, I harboured the thought that I'd pick up oil painting with ease, having come from artistic parents. Nothing could be further from the truth. After two or three sessions of trying to paint with oils, frustration set in and couldn't be

propre quête n'avait pas commencé très tôt... Il fallait que je commence à planifier activement, même s'il me restait encore quelques années avant la date précise de ma retraite.

Que devrais-je faire lors de ma seconde carrière ? Devrais-je continuer à travailler, mais à un rythme plus lent, enseigner ou écrire ? Étudier l'histoire ou la littérature ? Voyager ? Je fis une autoévaluation mentale. J'aimais plusieurs choses, mais de toute évidence, j'aimais les musées plus que tout; la visite des musées et l'appréciation de l'art m'avaient toujours procuré un grand plaisir, un plaisir indéfectible. Lors de mes nombreux voyages tout au long de ma carrière, les musées et les galeries représentaient ma première destination. Je rapportais toujours quantité de reproductions et de cartes postales, souvenirs des trésors que j'avais vu en des lieux tels que Rome, Venise, Paris, Londres ou Istanbul.

Pendant un certain temps, j'ai sérieusement songé à approfondir mes connaissances en histoire de l'art. Mais les études allaient-elles apporter le genre d'engagement intense que je recherchais ? J'étais tout à fait d'accord avec Winston Churchill lorsqu'il écrit dans son délicieux livre intitulé *Painting as a Pastime* (La peinture comme passe-temps) :

La forme la plus courante de distraction est la lecture, mais [...] la lecture et la bibliophilie sous toutes leurs formes comportent un grand défaut : elles sont trop proches de la tâche quotidienne du travailleur intellectuel pour apporter cet élément de changement et de contraste essentiel à la véritable détente. Afin de rétablir l'équilibre psychique, il faut faire appel aux parties du cerveau qui dirigent à la fois l'œil et la main. Ceci est obtenu de la meilleure façon par le dessin et la peinture sous toutes leurs formes[3].

L'argument de Churchill confirmait mon inclination. Ce que je devais faire, ce n'était pas étudier l'histoire de l'art, mais plutôt prendre un crayon et un pinceau pour apprendre à dessiner et à peindre. Je n'avais jamais sérieusement pratiqué le dessin, mais le plaisir que je tirais de l'appréciation

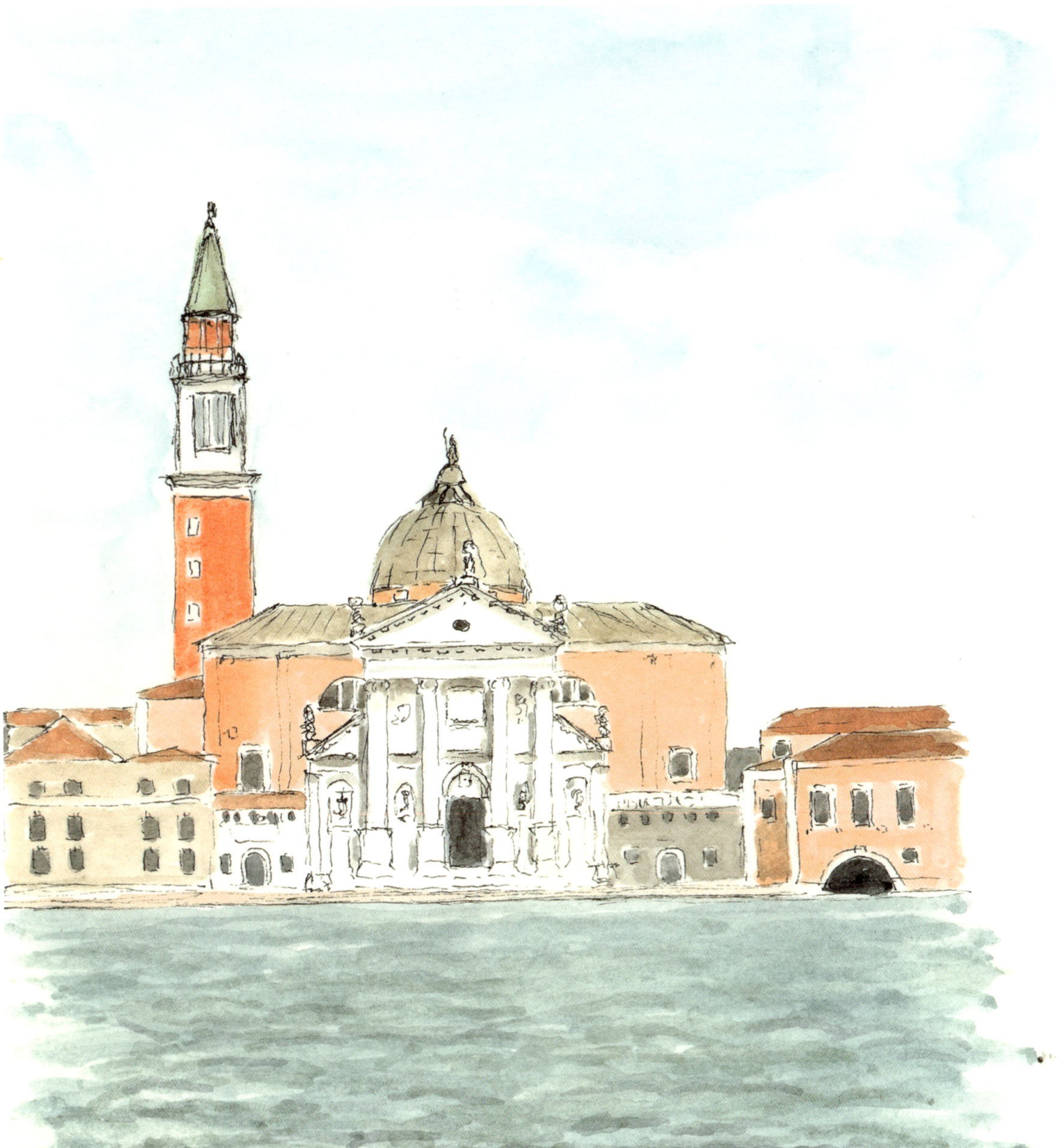

San Giorgio Maggiore, Venice

A slight Venetian haze – enough to soften the sharp angles - perfect for sketching. A wide avenue of azure blue water crisscrossed by the wakes of innumerable small boats and vaporettos led my eye to San Giorgio Maggiore. A magnificent dome, columns, the campanile – classical elements and I thought of ancient Greece and Rome. Out came the sketchbook.

San Giorgio Maggiore, Venise

La brume légère de Venise, qui suffit à adoucir les angles aigus, se prête magnifiquement au dessin. Une vaste voie d'eau azurée, traversée par le sillage d'une myriade de petites embarcations et de vaporettos, a guidé mon œil vers San Giorgio Maggiore. Son dôme magnifique, ses colonnes et son campanile m'ont rappelé la Grèce et la Rome antique. J'ai sorti mon carnet à dessins.

persuaded to leave. Perhaps the oil medium was the problem. Regardless of the brilliant hue squeezed on the palette, everything turned to mud. Objects and people dissolved into obscure and wayward shapes. I just could not get the hang of oils; more than once, I headed out the door filled with despair. Finally, I had the thought – perhaps watercolour would prove more satisfying. Suffice it to say, it did not.

The watercolour teacher quickly sensed my frustration. A perceptive woman, she gently prodded me after class one day, urging me to explain my objectives in enrolling in her class. Her question, essentially, "Why are you here?" asked so innocently, forced me to ask myself why indeed.

What I really wanted was to learn enough to sketch, draw and paint my immediate world, especially the sights and scenes of my travels. At the time, I wasn't interested as much in self-expression as in capturing the beauty, colour and shapes I perceived in the exterior world.

As the watercolour class progressed, it became clear that I had bypassed a vital step: *drawing.* In order to paint, I must first learn to draw. So, with two rather frustrating painting classes chalked up to 'experience,' and with a slightly chastened and humbled ego, I was, quite literally, back to the drawing board! I enrolled in a *beginner's* drawing course.

In the first class, I immediately recognized what I had been lacking – an understanding of some of the fundamental principles of drawing. While it may be possible to figure things out for oneself eventually, a few classes and a grasp of underlying principles can save you a lot of time and energy and provide a base for your own explorations.

The group of students in my beginner's drawing class ranged from teenagers to senior citizens. Despite age differences, we shared a similar enthusiasm and commitment. As the weeks passed, a warm camaraderie developed amongst us as well as with the teacher. True, some students were more advanced than others, but the teacher advised us not to worry. She consistently encouraged us to concentrate on

de l'art me portait à me demander si je ne devrais pas au moins essayer.

Par où commencer, telle était la question suivante. Un don latent de l'enfance (et non pas le génie) allait-il resurgir à l'achat de crayons et de papier ? Devrais-je commencer par essayer de faire des croquis tout seul, ou prendre quelques cours ? Comme je n'avais pas vraiment d'expérience depuis l'enfance, et que j'avais seulement essayé de dessiner de temps à autre au fil des années, avec des résultats peu satisfaisants, j'ai décidé d'opter pour les cours.

Après avoir cherché une institution pertinente au sein de la communauté, je me suis inscrit à un cours de peinture à l'huile au Centre des arts visuels, une école d'art alternative de Montréal. Je soupçonne qu'au plus profond de moi, je nourrissais la pensée que j'allais facilement apprendre la peinture à l'huile, puisque j'avais des parents artistes. Rien n'était plus loin de la vérité. Après deux ou trois sessions d'essais à l'huile, la frustration s'est installée pour ne plus me quitter. Peut-être que le médium était en cause : j'avais beau appliquer une teinte vive sur la palette, tout devenait bourbeux. Les objets et les personnages se réduisaient à des masses informes et incontrôlables. Je n'arrivais tout simplement pas à comprendre la technique; plus d'une fois, j'ai quitté le cours en proie au désespoir. Finalement, je me suis dit que l'aquarelle serait peut-être plus satisfaisante. Je me contenterai de dire que ce ne fût pas le cas.

La professeure d'aquarelle a vite décelé ma frustration. Un jour, à la sortie de la classe, cette femme perspicace m'a doucement pressé à lui expliquer les objectifs qui m'avaient incités à m'inscrire à son cours. Sa question, qui se résumait comme ceci : « Pourquoi êtes-vous ici ? », m'a effectivement forcé à m'interroger.

En somme, je voulais apprendre juste assez de choses pour pouvoir esquisser, dessiner et peindre le monde qui m'entourait, et tout particulièrement les paysages de mes voyages. À l'époque, je n'étais pas tant intéressé à m'exprimer qu'à rendre la beauté, les couleurs et les formes que je percevais dans le monde extérieur.

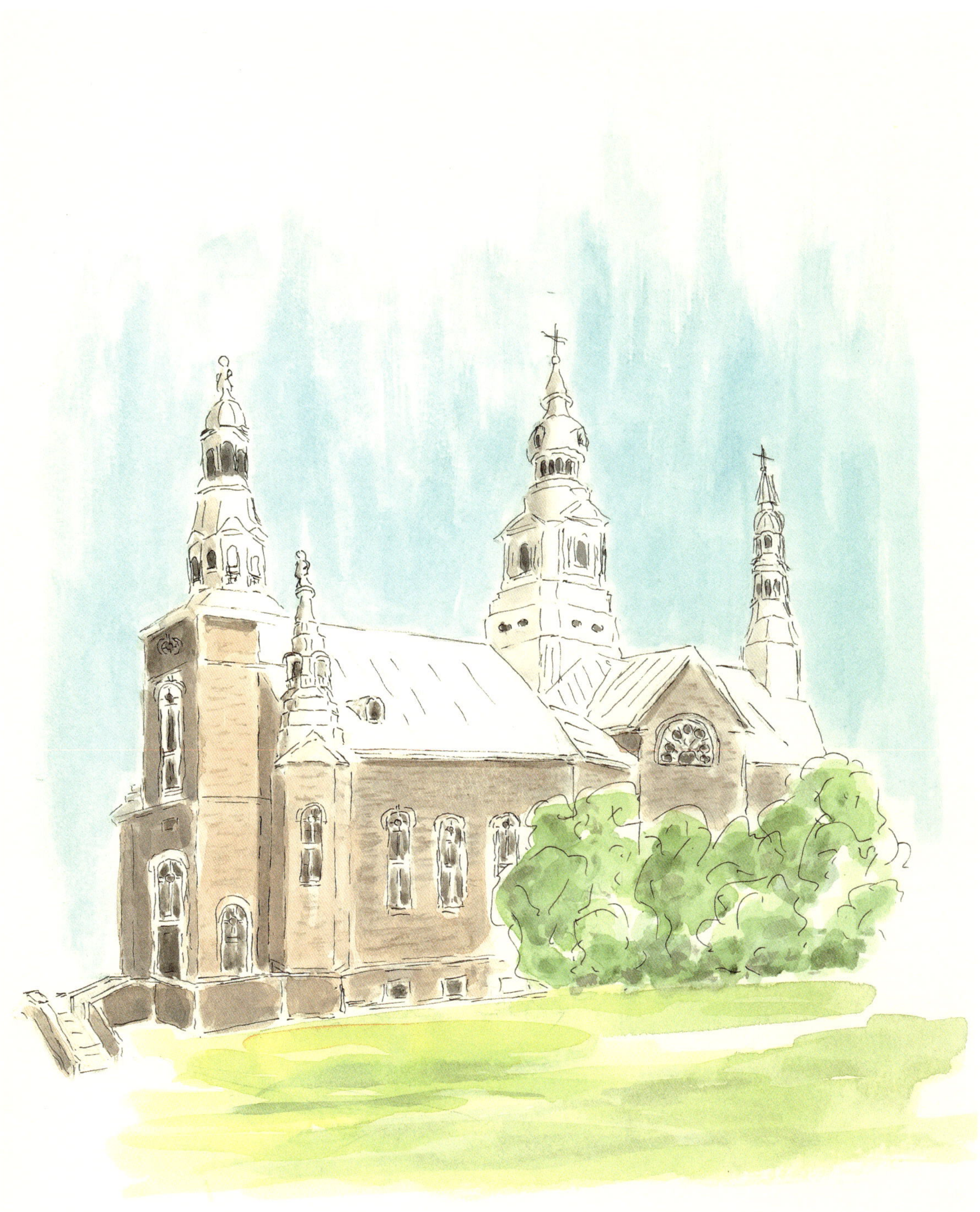

Église Notre-Dame-des-Neiges, Trois-Pistoles, Québec

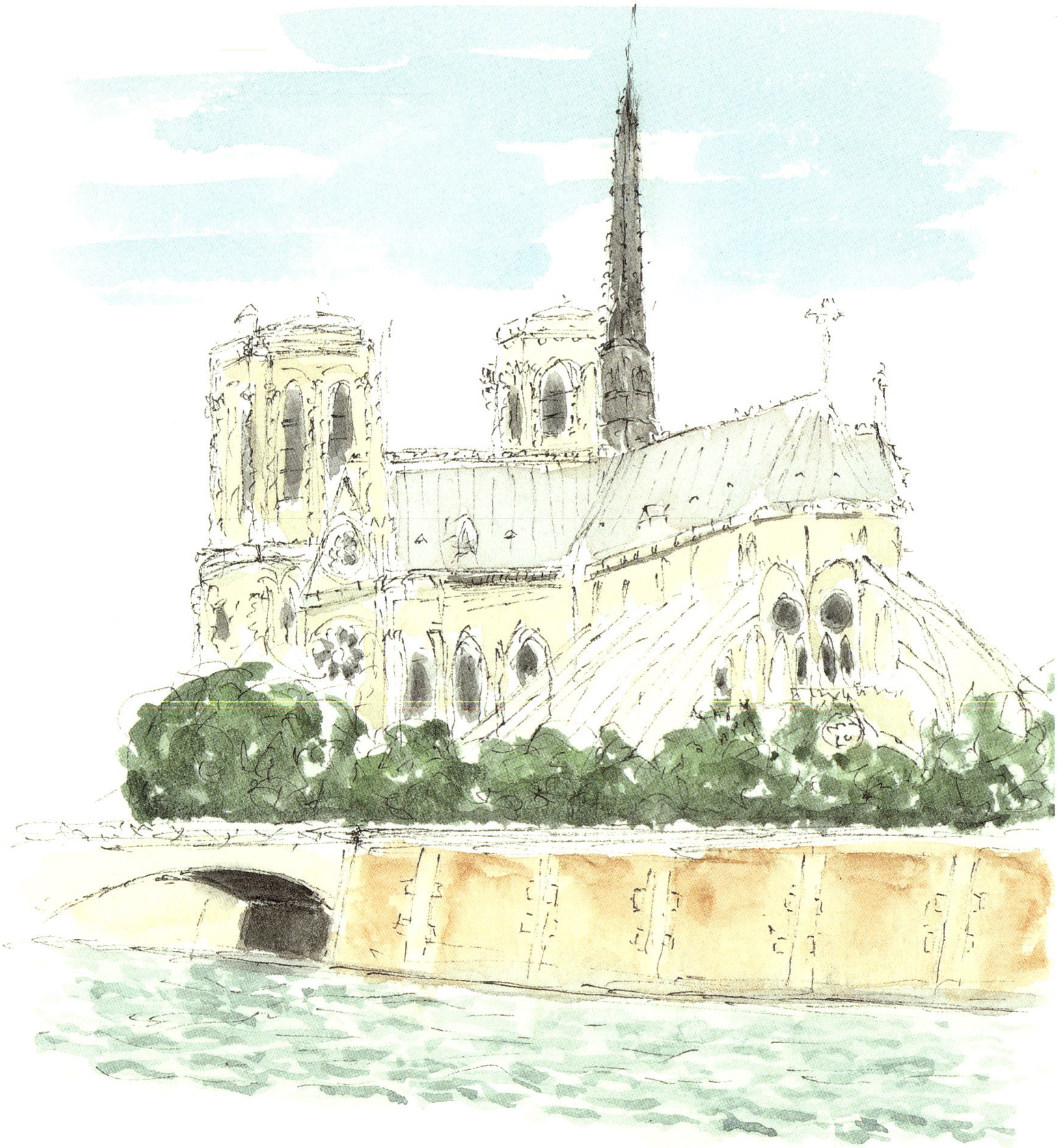

Notre-Dame Cathedral, Paris / Cathédrale Notre-Dame-de-Paris

our own sketches, forget about what other students were doing and refuse to be intimidated.

As for my drawing, despite discouraging moments with little evidence of progress, I remained motivated, kept taking classes and learned to persist. Over time, my drawing began to improve. If my goal was engagement, I was certainly engaged. I felt I was learning a new language, certainly a new way of seeing.

In our daily lives, we look at things all the time, but somehow without really seeing. By carefully observing the details of what I was sketching, I came to have some understanding of how artists approach seeing. The process became even more rewarding the more I realized drawing involved concentration and immersion in the details of the scene before me. I became unaware of noise, external surroundings or even life's problems. I was in a different, calmer world and forgot all else, including time. Sometimes, finishing a drawing after three or four hours, I was convinced I'd just started!

A few years went by. I continued working as an ophthalmologist. Retirement was delayed because of a shortage of medical personnel. Nonetheless I continued to sketch, draw and paint whenever I could find a moment. Mostly, those moments came during holidays or while travelling to attend medical conferences. I would always try to arrange an extra day's stay so I could sketch.

Intermittently, I continued to take the odd drawing or painting course, mostly at the local art school though I also drew regularly with a group of artists who met every Monday night under the guidance of the excellent draughtsman and artist, Leslie Coppold, RCA. While there is no doubt that I continued to learn from the instruction of others, I participated in these groups and courses as much for the sense of community and sharing as for the lessons themselves.

Thus, by the time retirement finally did arrive, I was fully engaged in my 'second career,' immersed in an activity that provided me with all I had been seeking at the outset: a feeling of mental challenge, invigoration, curiosity, adventure and discovery.

Au fur et à mesure que le cours d'aquarelle se déroulait, je comprenais que j'avais omis une étape fondamentale, à savoir le dessin. Si je voulais peindre, je devais d'abord apprendre à dessiner. Par conséquent, avec mes deux cours de peinture frustrants, mis au compte de l'« expérience », ainsi qu'un ego légèrement assagi et traversé par l'humilité, j'étais de retour à la case départ[4] ! Je me suis inscrit à un cours de dessin *pour débutants*.

Dès le premier cours, j'ai tout de suite pris conscience de ce qui me manquait, soit la compréhension de certains des principes fondamentaux ou sous-jacents du dessin. Je traite de ceci plus loin dans le livre ; même si je crois qu'on peut arriver à comprendre cela par soi-même, on peut sauver beaucoup de temps et d'énergie, et établir les bases de ses propres explorations, en suivant quelques cours et en saisissant les grands principes du dessin.

La composition du groupe d'étudiants de mon cours de dessin pour débutants allait des adolescents aux aînés. Malgré les différences d'âge, nous avions en commun un même enthousiasme et un même engagement. Au fil des semaines, une chaleureuse camaraderie s'est développée parmi nous, ainsi qu'avec la professeure. Il est vrai que certains étudiants étaient plus avancés que d'autres, mais la professeure nous recommandait de ne pas nous inquiéter. Elle nous incitait constamment à nous concentrer sur nos propres croquis, à oublier ce que les autres étudiants faisaient et à refuser de nous laisser intimider.

Pour ce qui est du dessin, malgré des moments décourageants qui ne laissaient pas entrevoir beaucoup de progrès, je demeurais motivé, je continuais à prendre des cours et à apprendre à persévérer. Avec le temps, mon dessin a commencé à s'améliorer. Si mon objectif était l'engagement, j'étais tout à fait engagé. Je sentais que j'apprenais un nouveau langage et, pour tout dire, une nouvelle façon de voir.

Au quotidien, nous voyons constamment des choses, mais sans vraiment les voir. En observant attentivement les détails de ce que je dessinais, j'en suis venu à comprendre comment les artistes

Most of all, a deep sense of pleasure and passion for life. Now into my eighties, I am still sharpening my pencils, replenishing my palette and filling the pages of yet another sketchbook.

I'm hoping this book will encourage you to join me.

abordent la vision. Plus je prenais conscience de la concentration et de l'immersion dans les détails exigées par le dessin, et plus le processus devenait gratifiant. J'oubliais le bruit, l'environnement, et même les problèmes de la vie. J'étais plongé dans un monde différent et plus serein; j'oubliais tout, jusqu'au temps qui passait. Parfois, lorsque je complétais un dessin après trois ou quatre heures de travail, j'étais convaincu que je venais à peine de commencer!

Quelques années ont passé. J'ai continué à travailler comme ophtalmologiste. J'ai dû reporter ma retraite parce qu'il y avait un manque de personnel médical, mais je continuais à faire des croquis, à dessiner et à peindre dès que je trouvais un peu de temps. Ces moments survenaient surtout durant les vacances, ou lors de mes déplacements pour assister à des congrès de médecine. Je m'arrangeais toujours pour demeurer une journée de plus, afin de pouvoir faire des croquis.

De temps en temps, je prenais un cours de dessin ou de peinture à l'école d'art du voisinage, et je dessinais régulièrement avec un groupe d'artistes qui se réunissaient tous les lundis soirs sous la supervision de l'excellent dessinateur et artiste, Leslie Coppold, RCA. Bien que je continuais d'apprendre au contact des autres, je prenais autant part à ces groupes et à ces cours pour l'aspect de communauté et de partage, que pour l'apprentissage en tant que tel.

De cette façon, lorsque le moment de la retraite est finalement arrivé, j'étais déjà pleinement engagé dans ma « deuxième carrière », plongé dans une activité qui m'apportait tout ce que j'avais cherché dès le début : un sentiment de défi mental, de la stimulation, de la curiosité, de l'aventure et de la découverte. Et par-dessus tout, j'éprouvais un profond sentiment de plaisir et de passion pour la vie. J'ai maintenant plus de quatre-vingts ans, et je taille encore mes crayons, je remplis ma palette et je noircis les pages de mes carnets de dessins.

J'espère que ce livre vous incitera à me joindre!

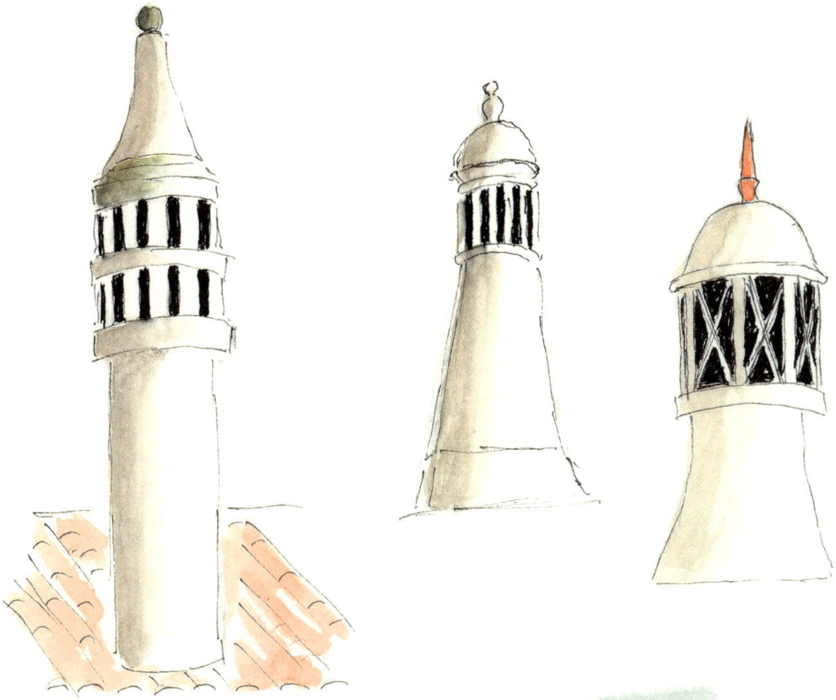

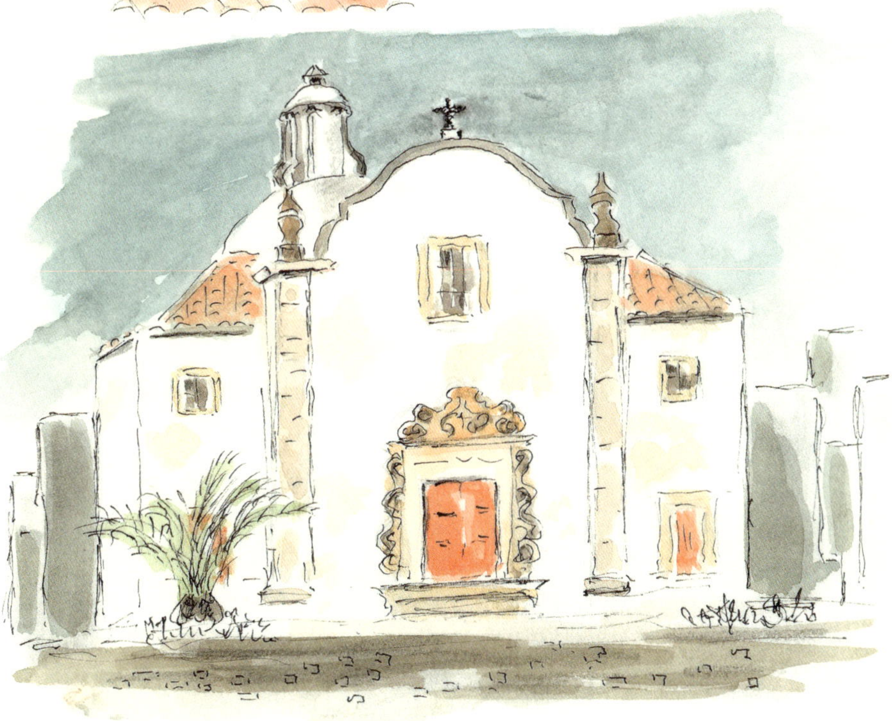

Portuguese Chimneys, Albufiera, Portugal

The chimneys of Albufiera fascinated me and before I knew it, I was sketching them. In fact, it was difficult to stop, as their overall shape and designs varied, captivating my eye. I walked around the town, looking up, searching out the most interesting ones.

Cheminées portugaises, Albufiera, Portugal

Les cheminées d'Albufiera m'ont fasciné, et je n'ai pas tardé à les dessiner. J'avais du mal à m'arrêter : la variété de leurs formes et de leurs styles me captivait. Je me suis promené dans la ville à la recherche des cheminées les plus intéressantes.

Drawing

The impulse to draw is as natural as the impulse to talk.
Kimon Nicolaides [4]

Drawing is the discipline through which I constantly rediscover the world.
Frederick Franck [5]

Drawing is everywhere. We are surrounded by it, it is sewn into the warp and weft of our lives...
Emma Dexter [6]

Drawing is an experience, an adventure into the world and into yourself. Drawing is a language – a visual language – that communicates feelings, impressions and ideas that the spoken or written word cannot convey. Everywhere in the world, people draw.

Surprisingly, drawing is a language that has not changed very much throughout the centuries. This is remarkable. Art styles change constantly. Think of the last century alone – impressionism, expressionism, abstract expressionism, geometric abstraction, minimalism, postmodernism, high realism, etc. But drawing, especially drawing based on observation, remains relatively the same. It is a simple act, dependent solely on pencil, paper, hand and eye.

Drawing is a spontaneous language for children. In coming back to drawing later on in life, we're simply returning to a language that, as children, we intuitively inclined towards as a way of understanding the world, expressing ourselves and finding joy. Only when children enter the educational system does this natural facility with visual language diminish. It is my hope that this book encourages you to rediscover the deep pleasure of drawing and sketching a second time around.

Among the many commentaries on drawing, one hears repeated themes. Drawing will bring

Le dessin

L'envie de dessiner est aussi naturelle que l'envie de parler.
Kimon Nicolaides [5]

Le dessin est la discipline grâce à laquelle je redécouvre sans cesse le monde.
Frederick Franck [6]

Le dessin est partout. Il nous entoure, il fait partie de la fibre de nos vies...
Emma Dexter [7]

Le dessin est une expérience, une quête du monde et de soi-même. Le dessin est un langage, un langage visuel qui véhicule des sentiments, des impressions et des idées que la parole ou l'écriture ne peuvent transmettre. Partout à travers le monde, les gens dessinent.

Chose étonnante, le langage du dessin n'a guère changé avec les siècles. Ceci est remarquable. Les styles artistiques changent constamment. Il suffit de penser au siècle dernier, avec l'impressionisme, l'expressionisme, l'abstraction géométrique, l'expressionisme abstrait, le minimalisme, le postmodernisme, l'hyperréalisme, etc. Mais le dessin, et surtout le dessin basé sur l'observation, demeure à peu près inchangé. C'est un acte simple, qui ne dépend que du crayon, du papier, de la main et de l'œil.

Pour les enfants, le dessin est un langage spontané. Lorsqu'on revient plus tard au dessin, on retrouve simplement le langage vers lequel on était spontanément porté dans l'enfance, comme moyen de comprendre de monde, de s'exprimer et d'éprouver de la joie. C'est seulement lorsque les enfants sont introduits dans le système éducatif que s'estompent ce désir et cette facilité naturelle avec le langage visuel. J'espère que ce livre vous encouragera à redécouvrir une fois de plus le grand plaisir du dessin et du croquis.

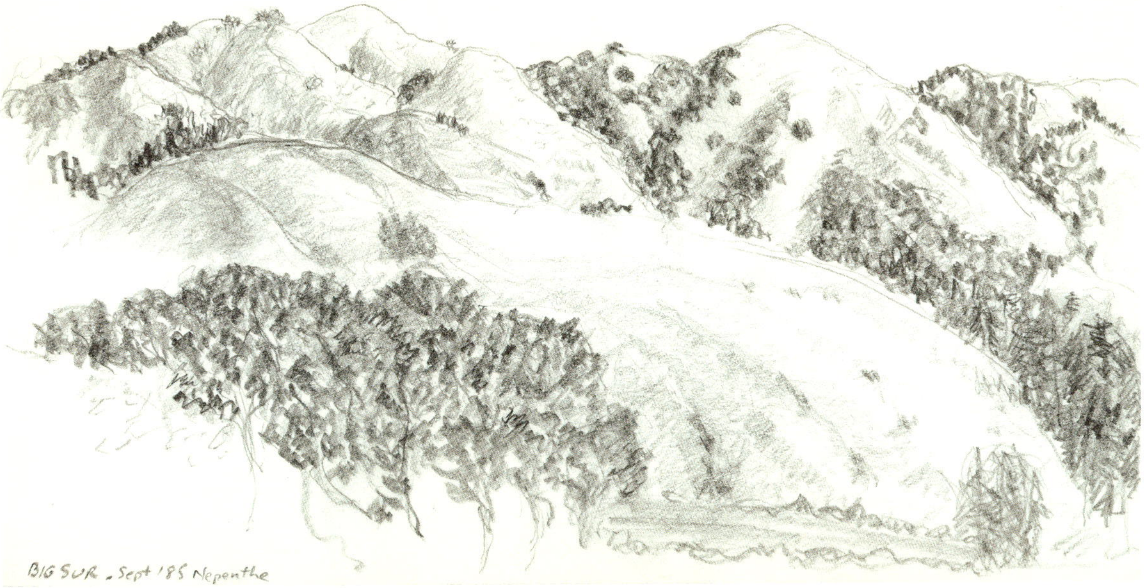

Big Sur, California (pencil drawing) / Big Sur, Californie (dessin au crayon)

you endless pleasure, unlock your creativity, alter your perception of the world. Drawing will strengthen your memory. Finally, drawing will enable you to see objects, people and landscapes more clearly, in ways that reveal a beauty you had not previously suspected.

It is in this sense that I want to talk about drawing – as a language, as an adventure in learning which renews our sense of wonder, which allows us to enjoy, appreciate and see the world in a rich new way.

The Zen of Seeing, by Frederick Franck, which I quote above, elaborates the idea that drawing allows us to learn to retrieve again and again the act of seeing things as if for the first time, each and every time we look at them. In fact, he coined the term *seeing/drawing* – a term which conveys the close relation between the two acts.

My own experience has taught me that through drawing and sketching, my eye has stopped taking for granted what it sees; in other words, it has begun to see the particular as opposed to the

Parmi les nombreux commentaires sur le dessin, on constate que certains thèmes reviennent souvent. Le dessin procure un plaisir sans fin, il libère la créativité, il change la perception que l'on a du monde. Le dessin cultive la mémoire. Et enfin, le dessin permet de voir les objets, les gens et les paysages d'une nouvelle manière, plus clairement, de façon à révéler une beauté insoupçonnée jusqu'alors.

C'est dans ce sens que je veux traiter du dessin : en tant que nouveau langage et aventure d'apprentissage qui renouvelle notre faculté d'émerveillement, qui nous permet d'apprécier et de voir le monde d'une manière nouvelle et plus riche.

L'ouvrage de Frederick Franck intitulé *The Zen of Seeing*, que je cite plus haut, développe l'idée que le dessin nous permet de recouvrer constamment l'acte de percevoir les choses comme si c'était pour la première fois, à chaque fois que nous les regardons. En fait, il a inventé le terme «*seeing/drawing*» (voir/dessiner), un terme qui exprime le rapport étroit entre les deux actes.

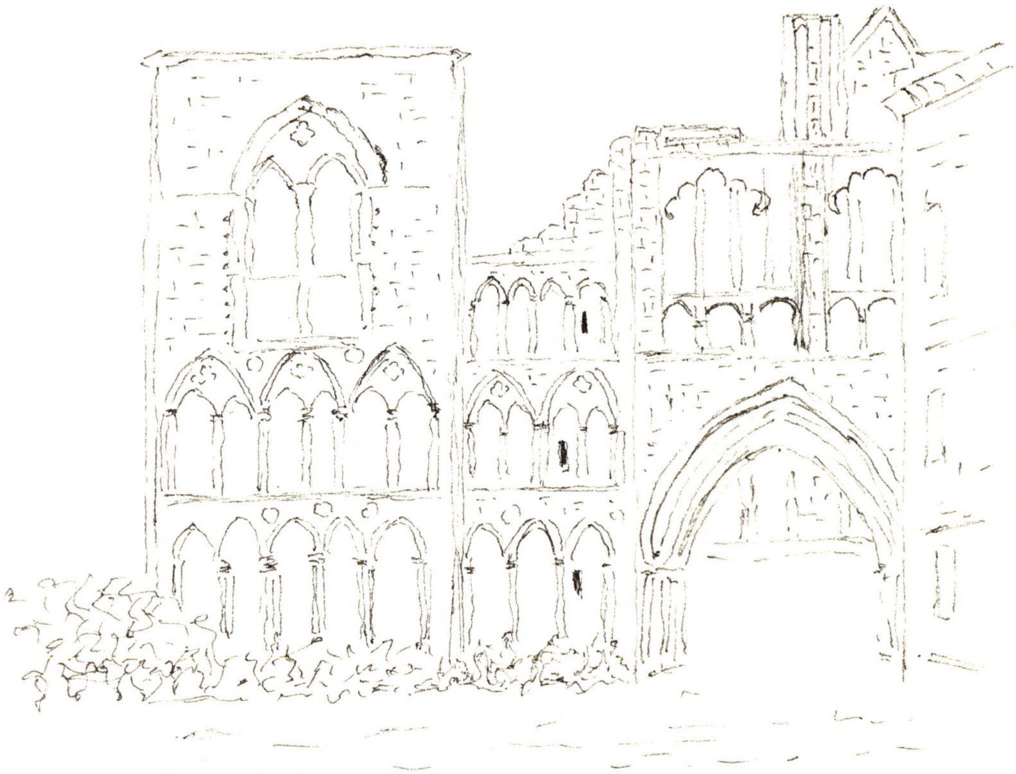

Holyrood Abbey Ruins, Edinburgh (ink drawing)
Ruines de l'abbaye de Holyrood, Édimbourg (dessin à l'encre)

generalized form of things. This, I believe, is at the core of what is called *artistic seeing.* When this kind of seeing occurs – and it does from the start – you find that almost any object or scene entices your eye.

The human eye is a magnificent instrument. But it is only one organ of seeing; the other is the brain. The brain's job is to find – from the myriad of electrical impulses it receives from the eye – an object. And it needs very little to do its job. From mere clues, the brain can fill in gaps where information is missing. Another way of expressing this is that the brain generalizes. Over time, we begin to have preconceived ideas or assumptions in our

J'ai appris, par ma propre expérience, que grâce au dessin et au croquis, mon œil a cessé de prendre pour acquis ce qu'il voit; autrement dit, il a commencé à percevoir la forme spécifique des choses, plutôt que leur forme généralisée. Selon moi, ceci constitue l'essence de ce que l'on nomme la *vision artistique.* Lorsque ce genre de vision s'installe – et cela se produit dès le début –, on se rend compte que presque chaque objet ou chaque scène attire le regard.

L'œil humain est un instrument magnifique. Mais ce n'est que l'un des organes de la vision, l'autre étant le cerveau. Le rôle du cerveau est de localiser l'objet parmi la multitude des impulsions

minds about what things look like. We become lazy viewers of what is truly before our eyes.

Therefore, learning to see as an artist is akin to removing a veil from the eyes or beginning to exercise an atrophied muscle. Learning to see as an artist means we stop generalizing and see truly the specificity of what lies before us. John Ruskin, the nineteenth-century artist and teacher, assures us that, "when once we see keenly enough, there is very little difficulty in drawing what we see."[7]

As I continue to draw, sketch and paint, the truth of Ruskin's statement is never far from my awareness: drawing has trained me to see artistically. My eye falls eagerly on all it observes.

électriques qu'il reçoit de l'œil. Il n'a besoin que de très peu d'impulsions pour accomplir son travail. Le cerveau peut combler un vide à partir de quelques indices, là où il manque de l'information. En d'autres mots, on peut dire que le cerveau généralise. Avec le temps, on commence à développer mentalement des idées préconçues ou des présuppositions à propos de l'aspect des choses. On devient des observateurs paresseux de ce qui est véritablement devant nos yeux.

Par conséquent, lorsqu'on apprend à voir comme un artiste, c'est comme si on retirait un voile des yeux, ou que l'on commençait à exercer un muscle atrophié. Lorsqu'on apprend à voir comme un artiste, on cesse de généraliser pour voir vraiment la spécificité de ce qui est devant nous. L'artiste et enseignant John Ruskin, qui a vécu au XIXe siècle, nous assure que « une fois que nous sommes arriver à voir avec précision, il n'est pas difficile de dessiner ce que nous voyons[8]. »

Tandis que je continue de dessiner, de faire des croquis et de peindre, je garde à l'esprit la vérité des paroles de Ruskin. Je suis profondément conscient que ce parcours de dessin m'a entraîné à voir comme un artiste. Mon œil se pose attentivement et passionnément sur tout ce qu'il observe.

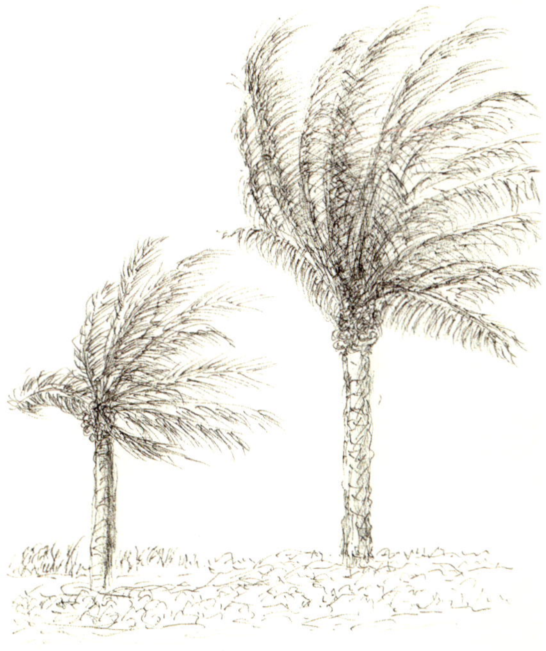

Palm trees in wind, Florida (ink drawing)
Palmiers au vent, Floride (dessin à l'encre)

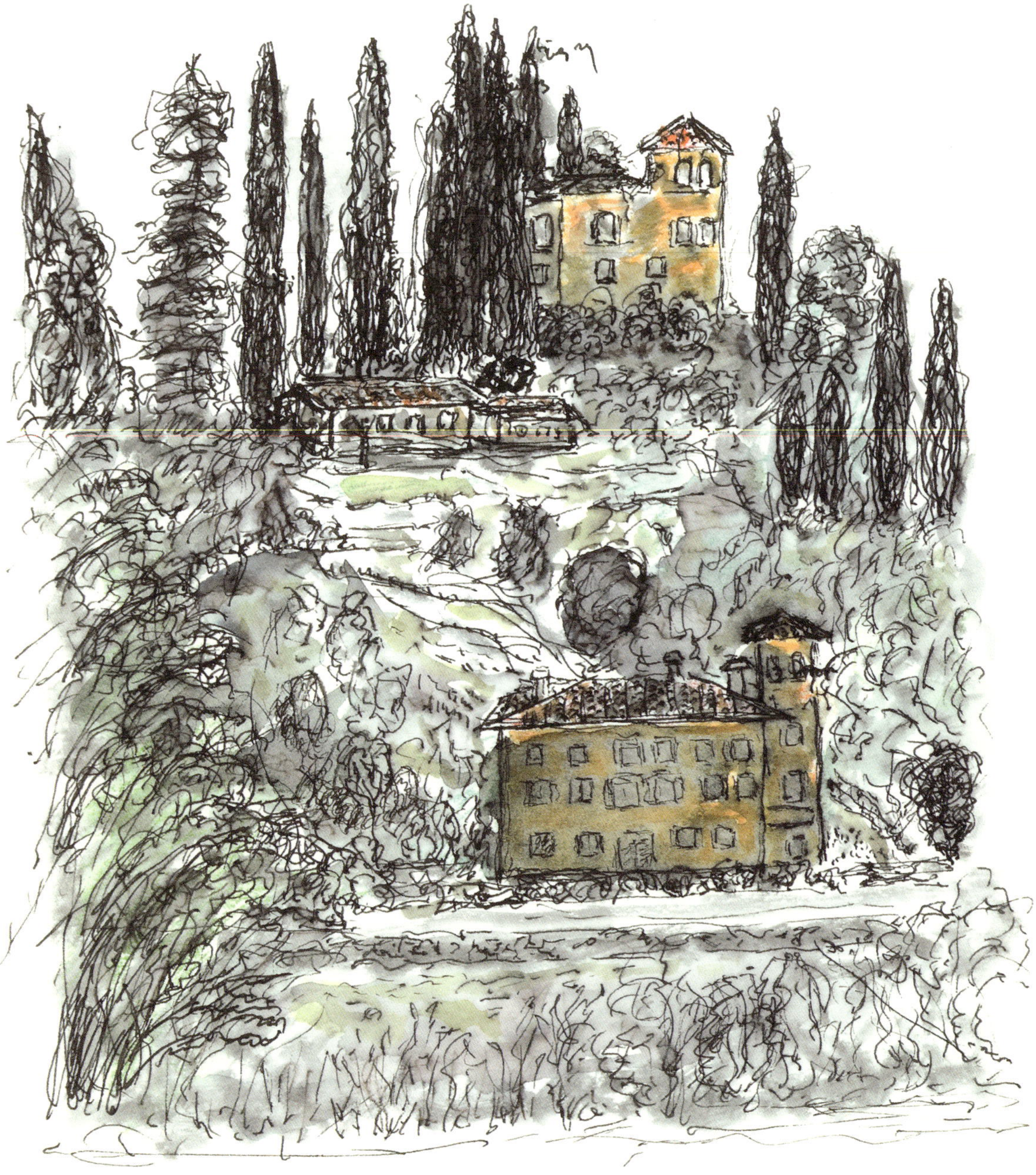

Early evening, northern Italy / Début de soirée, Italie du Nord

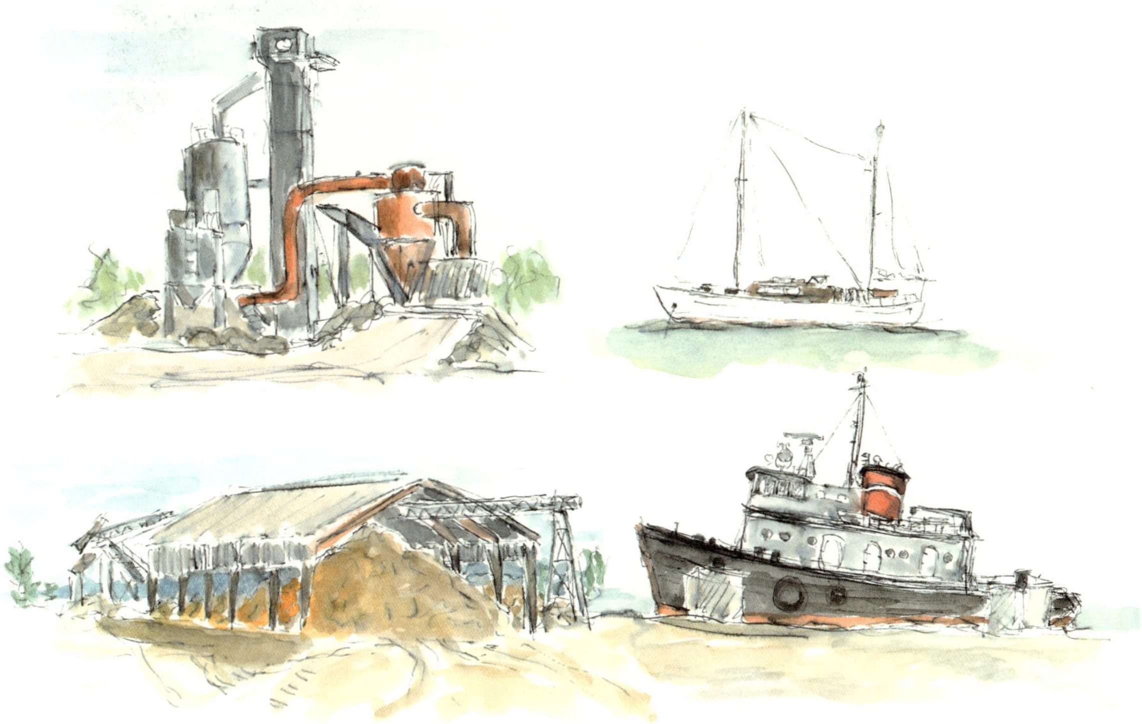

Near Fort Pierce, Florida / Près de Fort Pierce, Floride

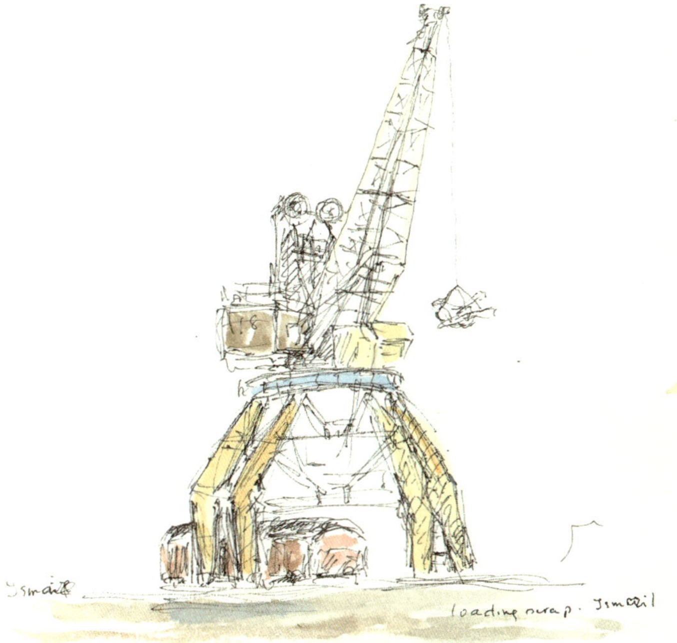

Crane, Danube River
Grue de chargement sur le Danube

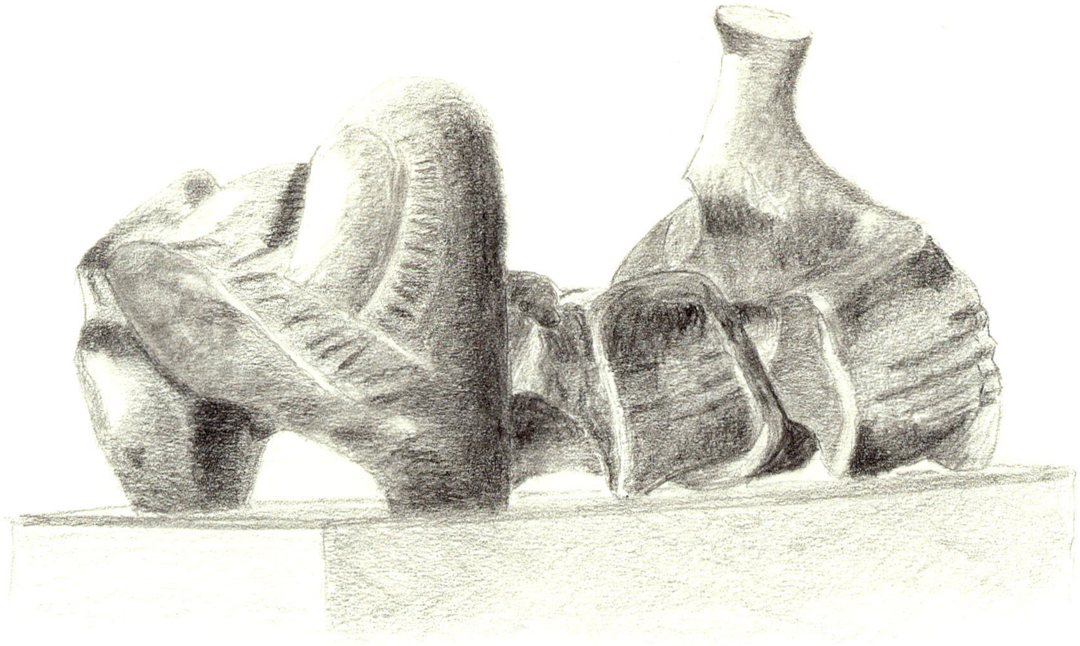

After a Henry Moore sculpture
A sense of mass and power in this sculpture of a reclining figure.

D'après une sculpture d'Henry Moore
L'impression de masse et de puissance suggérée par cette sculpture d'une figure allongée.

Different kinds of drawing

The word *drawing* covers a wide territory. Drawings can be based on detailed observation of the world around us or may spring unbidden from our imagination, the mind's eye. Mostly, they are a combination of both.

I believe that a strong foundation in observational drawing is important. Over the years, I have spent countless enjoyable hours observing the world with pencil or pen in hand, attempting to render what I see before me. Most of my teachers have placed importance on traditional observation as a way to train the eye to properly perceive and appreciate the forms of nature and the relationship of those forms to the space around them. No teacher emphasized this more forcefully than Leslie Coppold. Observe, observe, observe, he would incant if he found us veering too far into 'expressive' interpretations. Time and time again he would rap my knuckles if my drawing exceeded the limits of the page.

Drawing from life – be it the model, still life or nature – is a good way to start to learn about drawing. For one, you will soon come to appreciate how much we draw our preconceived notions of things rather than what is truly in front of our eyes. You will have an exhilarating sense of accomplishment when you are finally able to render something realistically. Moreover, from the beginning, you will soon find yourself lost in pleasurable concentration, regardless of the initial success of the drawing. You will be fascinated by how easily you are pulled into the challenge of this new language and by how eager you are to return.

Observational drawing may be the foundation of drawing but not necessarily the end goal. The magic is somehow to endow your drawing with an energy that goes beyond replication. This comes with time and experience. I want to emphasize however, that while we are all eager to do things well, the process of *learning* to draw is enjoyable and engaging from the outset, even though the end product might be questionable. In other words, a beginning student may easily derive as

Des différents types de dessin

Le mot *dessin* couvre un vaste territoire. Un dessin peut être basé sur l'observation détaillée du monde qui nous entoure, ou il peut surgir spontanément de l'imagination, cet œil de l'esprit. Le plus souvent, c'est une combinaison des deux choses.

À mon avis, il est important d'avoir une base solide en dessin d'observation. Au fil des années, j'ai passé des heures innombrables et délicieuses à observer le monde, crayon ou pinceau en main, pour tenter de rendre ce que j'avais sous les yeux. La plupart de mes professeurs accordaient de l'importance à l'observation traditionnelle comme moyen de former l'œil à percevoir et à apprécier correctement les formes de la nature, et la relation de ces formes à l'espace qui les entoure. Nul professeur n'a insisté autant sur ce point que Leslie Coppold. « Observez, observez, observez », martelait-il lorsqu'il trouvait que nous allions trop loin dans l'interprétation « expressive ». Maintes et maintes fois, il me tapait sur les doigts lorsque mon dessin s'étendait au-delà des limites de la page.

Le dessin d'observation – d'après un modèle vivant, une nature morte ou un paysage – est une bonne façon de débuter l'apprentissage du dessin. Ainsi, vous vous rendrez vite compte à quel point on dessine selon des notions préconçues des choses, plutôt que ce qui est véritablement offert à notre regard. Vous éprouverez un sentiment exaltant d'accomplissement lorsque vous serez enfin capable de rendre un sujet de manière réaliste. En outre, dès le départ, vous vous retrouverez bientôt plongés dans un état de concentration agréable, indépendamment du succès initial de votre dessin. Vous serez fascinés par la facilité avec laquelle vous êtes attirés par le défi de ce nouveau langage, et à quel point vous êtes impatients d'y revenir.

Le dessin d'observation peut représenter la base du dessin, mais pas nécessairement son but final. La magie, c'est d'arriver à conférer à votre dessin une énergie qui ne peut être reproduite. Ceci vient avec le temps, à mesure que l'on acquiert de l'expérience. Je veux cependant souligner le fait

much pleasure from the doing as those with more experience.

Every artist uses a variety of forms and combinations of lines and shadings to capture their visual or imaginative impression. In the beginning, it is a good idea to experiment with simple approaches, such as line or tonal drawing.

LINE DRAWING

Line drawing is the first kind of drawing I learned – a delineation in which the whole form is connoted by line alone without regard to local tones or values. Delineation is the most simple type of drawing and represents the first true convention of drawing; we transfer what we see into line though there are no lines in nature.

A line may have grace, may be thick and coarse, be taut or limp, be nervous or calm, bold or gentle. Each artist develops his or her own kind of signature line. Think of artists such as Ingres, Picasso, Matisse or David Milne. Their lines are charcterized by a distinctive touch, weight and energy. I look at my own line and see that it is often delicate and intricate, sometimes whimsical. It is rarely forceful or bold.

que, même si l'on est impatient de bien faire les choses, le processus de *l'apprentissage* du dessin est en lui-même agréable et passionnant dès le début, même si le produit final demeure discutable. Autrement dit, les débutants peuvent facilement tirer autant de plaisir de cette activité que ceux et celles qui ont plus d'expérience.

Chaque artiste utilise une diversité de formes et de combinaisons de lignes et de hachures pour rendre ses impressions visuelles ou imaginées. Pour commencer, c'est une bonne idée d'expérimenter avec des approches simples comme le dessin au trait et le dessin par tons.

LE DESSIN AU TRAIT

Le dessin au trait est le premier type de dessin que j'ai appris; c'est un tracé qui suggère la forme uniquement au moyen de lignes, sans tenir compte des tons et des valeurs locales. Le tracé constitue le type de dessin le plus simple, et représente la première convention véritable du dessin, puisqu'il traduit ce que l'on voit par des lignes, bien que celles-ci soient absentes dans la nature.

Le trait peut être gracieux, épais et brut, tendu ou mou, nerveux ou calme, puissant ou doux. Chaque artiste élabore le genre de trait qui lui est propre. Je pense à des artistes comme Ingres, Picasso, Matisse ou David Milne. Chacun d'eux possède sa touche et son atmosphère bien à lui. J'examine mon propre trait et je constate qu'il est délicat et complexe, parfois fantaisiste, rarement impétueux ou puissant.

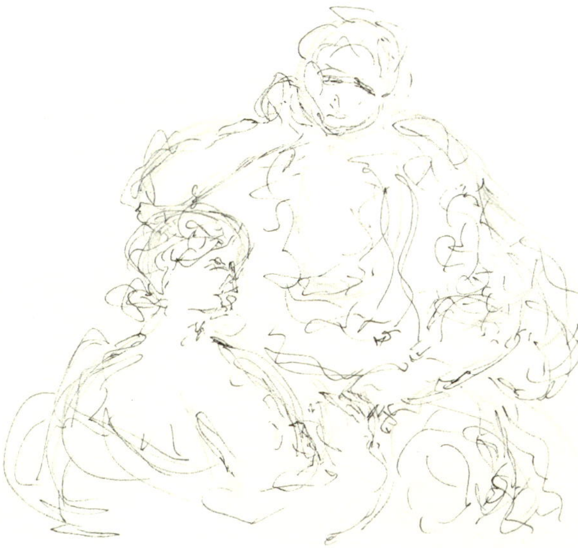

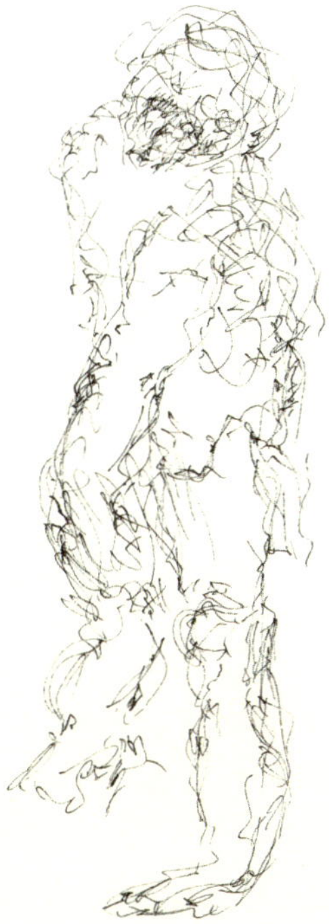

Ink drawing, Montréal Museum of Fine Arts / Dessin à l'encre, Musée des beaux-arts de Montréal

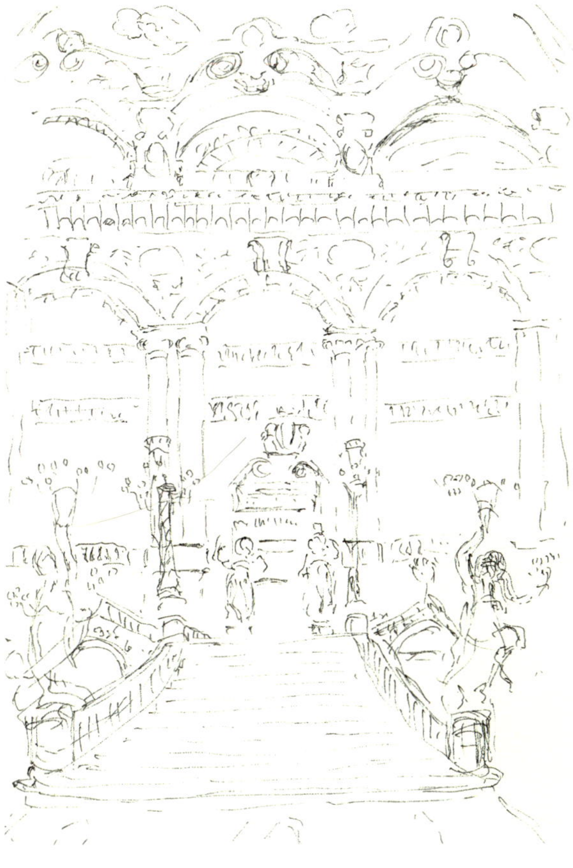

Inside the Paris Opera

To sketch this scene I had to lie almost flat on the floor, looking up. Another of the unexpected problems awaiting the sketcher.

Intérieur de l'Opéra de Paris

Pour dessiner cette scène, j'ai dû m'étendre presque à plat sur le plancher, le regard tourné vers le haut. C'est un des problèmes inattendus qui sont réservés aux dessinateurs.

TONAL DRAWING

I particularly enjoy tonal drawing. Tonal or form drawing gives us a sense of the weight of the object we are drawing, its solidity, its existence in space. By shading an object, the illumination or light on its surface is conveyed in a limited number of values ranging from light to dark. The drawing is intended to convey a sculptural, three-dimensional effect. A sketch of a piece of sculpture would be the most telling example. When doing a tonal drawing, I often start in the middle of the object and work towards the edge, darkening the lines and shading where the object moves further away.

LE DESSIN PAR TONS

J'aime particulièrement le dessin par tons. Le dessin par tons donne une idée du poids de l'objet dessiné, sa solidité, son existence dans l'espace. En hachurant un objet, on traduit l'éclairage ou la lumière à sa surface, au moyen d'un nombre limité de valeurs allant du clair au foncé. Ce type de dessin vise à suggérer un effet sculptural, tridimensionnel. L'exemple le plus éloquent de ce type de dessin serait le croquis d'une sculpture. Lorsque je fais un dessin par tons, je commence souvent par le centre de l'objet pour me diriger ensuite vers les contours; je fonce les traits et j'ajoute des hachures là où l'objet s'estompe.

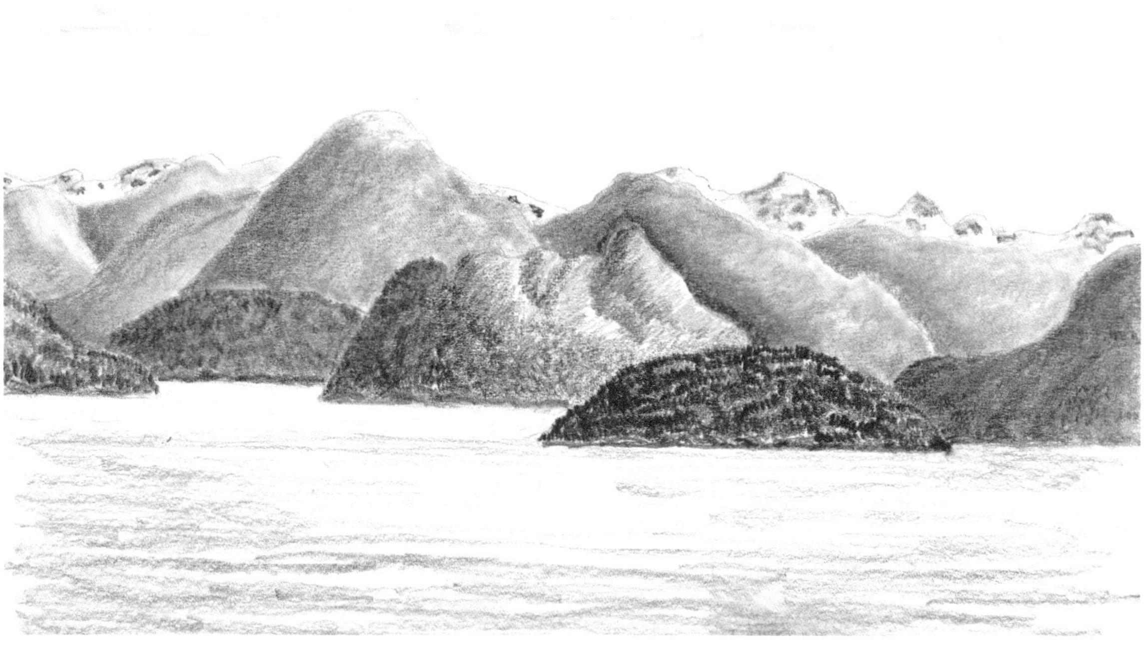

Howe Sound, British Columbia (tonal drawing)
A grand vista greets you gazing up Howe Sound – mountains, water, peace and quiet. Close by, an island, dark and mysterious. In the distance, snowcapped peaks poking above a row of tall mountains – sculpture on a grand scale!

Howe Sound, Colombie-Britannique (dessin par tons)
Une vue magnifique s'offre au visiteur de Howe Sound, avec les montagnes, l'eau, la paix et la tranquillité. On aperçoit une île au premier plan, sombre et mystérieuse. Au loin, les sommets enneigés dépassent une chaîne de hautes montagnes : de la sculpture à grande échelle !

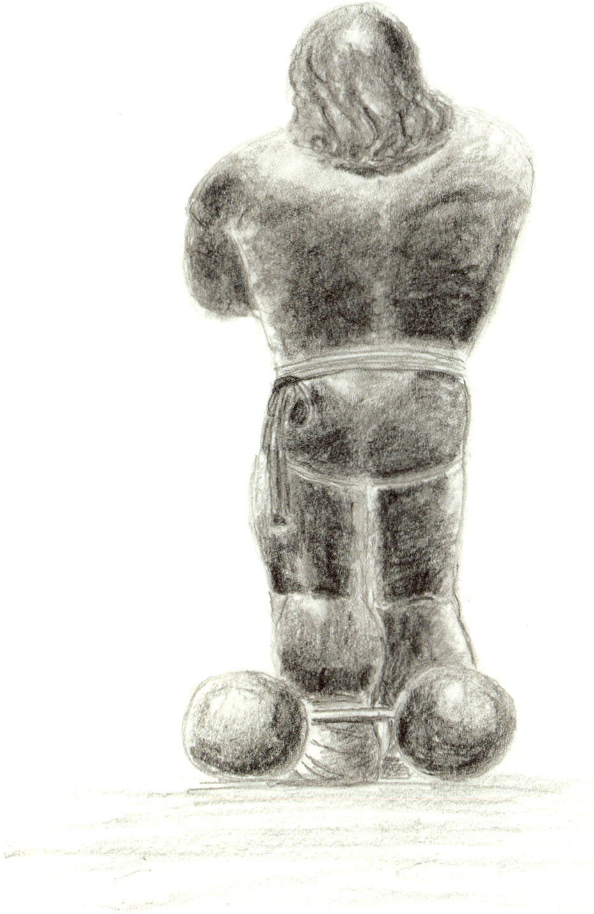

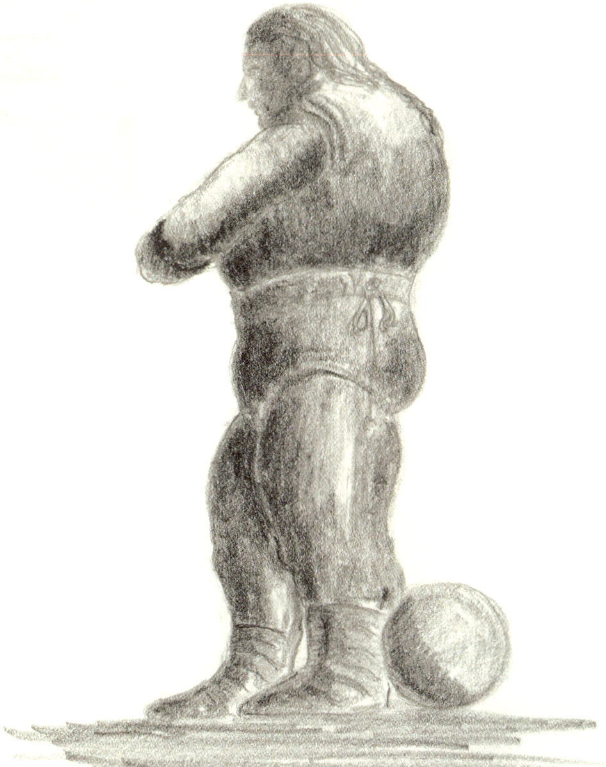

Sculpture of Louis Cyr, Montréal (tonal drawing)
Québec's legendary strong man, 1863–1912

Sculpture de Louis Cyr, Montréal (dessin par tons)
L'homme fort légendaire du Québec, 1863–1912

THE SKETCH

Sketching is the act of getting something down quickly, capturing the essence of an object or a scene in just a few lines in pencil or ink. To my mind, it's a first impression. Sketching is certainly not about imitating the work of others but about releasing the creative impulse within and connecting with a sense of immediacy and even intimacy to the world around you.

In deciding what to sketch, look around, walk or drive until you see something that grabs your attention. If out of doors, it could be a lake, mountains, trees, the architecture of a building, people sitting on a bench or at a café. Indoors, you can easily set up a still life or discover one accidently strewn across your dining room table, an arrangement of pears, flowers, a vase or even furniture. Indoor work has a significant advantage in that rain, sun, wind or insects, among other things, present no problems.

Once I've found a subject that interests me, I stop and make a quick sketch of its main features – generally in pencil but sometimes in ink – a few

LE CROQUIS

Le croquis est une note rapide qui reproduit l'essence d'un objet ou d'une scène en quelques traits au crayon ou à l'encre. À mon avis, il s'agit d'une première impression. Le croquis n'a rien à voir avec l'imitation du travail des autres; il s'agit plutôt du déclenchement de l'élan créateur personnel, d'une mise en lien avec un certain sentiment d'immédiateté, et même d'intimité, avec le monde qui nous entoure.

Pour choisir un sujet de croquis, regardez autour de vous, marchez ou roulez en voiture jusqu'à ce que vous voyiez quelque chose qui attire votre attention. À l'extérieur, ce pourrait être un lac, des montagnes, des arbres, l'architecture d'un édifice, des gens assis sur un banc ou dans un café. À l'intérieur, vous pouvez facilement disposer une nature morte ou en découvrir une, accidentellement déployée sur votre table de salle à manger : un arrangement de poires, des fleurs, un vase ou même du mobilier. Travailler à l'intérieur possède l'avantage important de ne pas être incommodé par la pluie, le soleil, le vent et les insectes, entre autres choses.

Lorsque j'ai repéré un sujet qui m'intéresse, je m'arrête et je dessine un croquis rapide de ses principales caractéristiques – généralement au crayon, mais parfois à l'encre –, en quelques traits, avec peut-être quelques hachures. À ce stade, je peux choisir de changer d'endroit ou d'élaborer mon croquis.

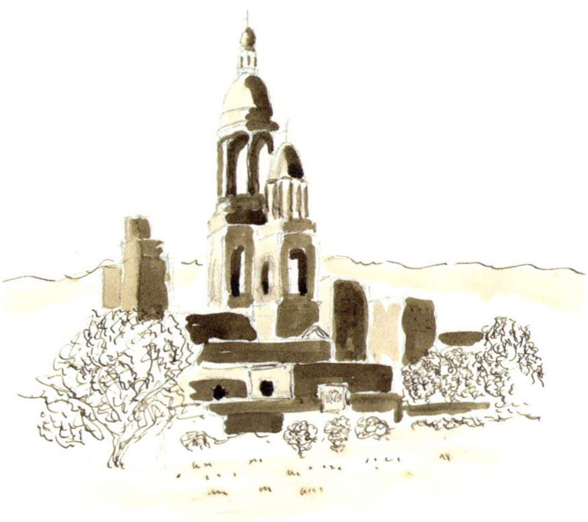

Église Saint-Irénée, Montréal

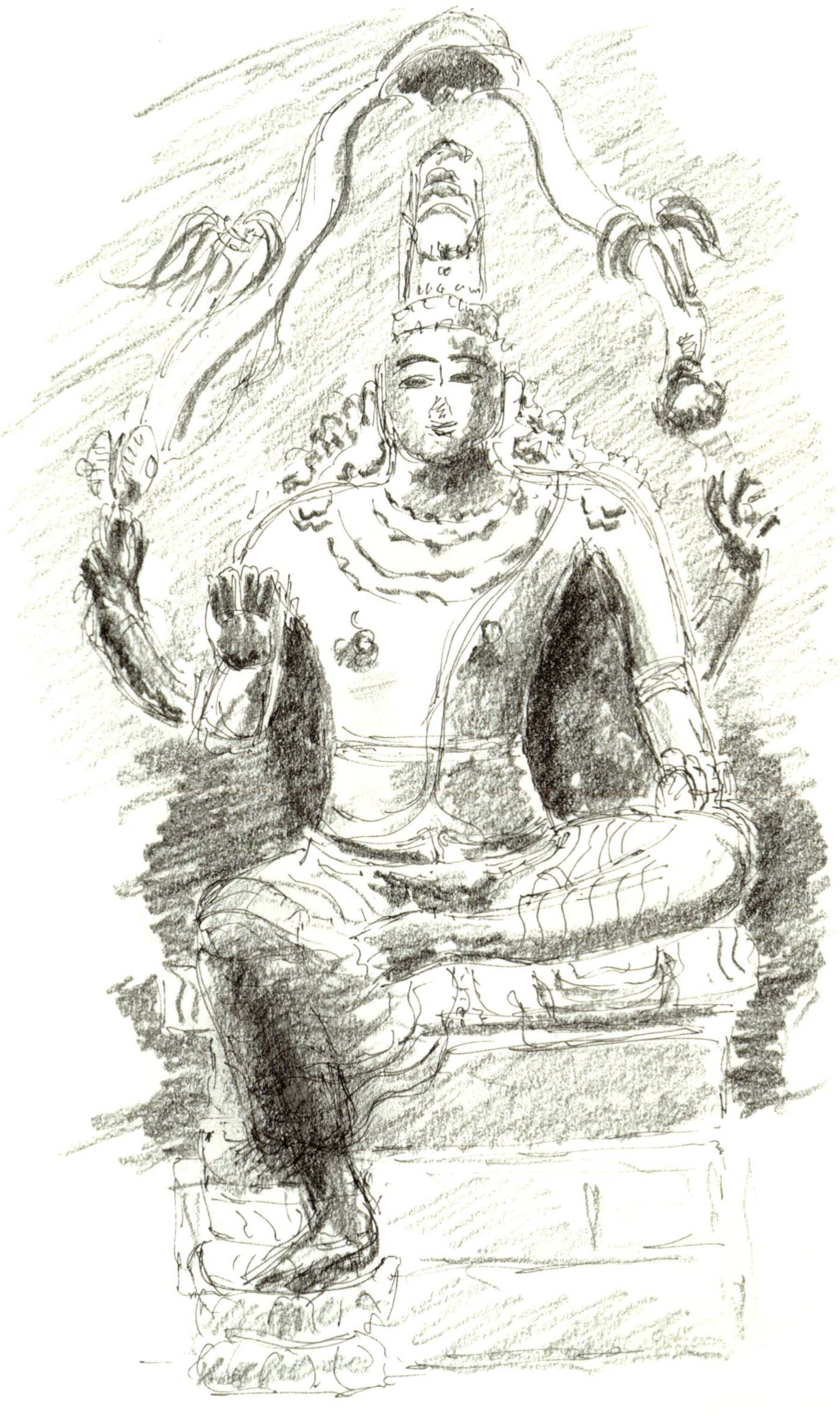

Sketch after Standing Bodhisattva, India, Third Century, Montréal Museum of Fine Arts
Dessin d'après un Bodhisattva debout, Inde, IIIe siècle, Musée des beaux-arts de Montréal

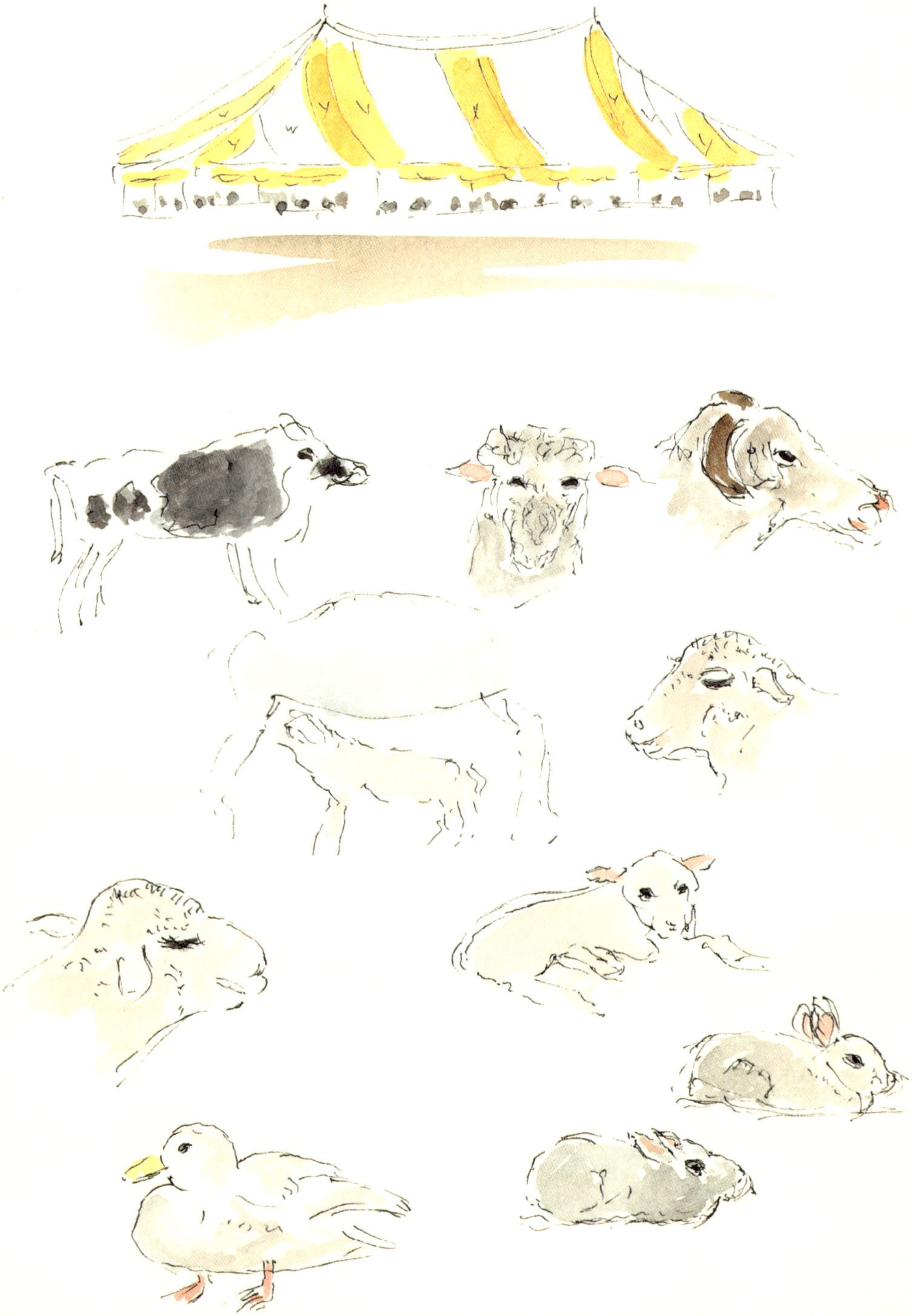

Brome County Agricultural Fair, Québec / Foire agricole du comté de Brome, Québec

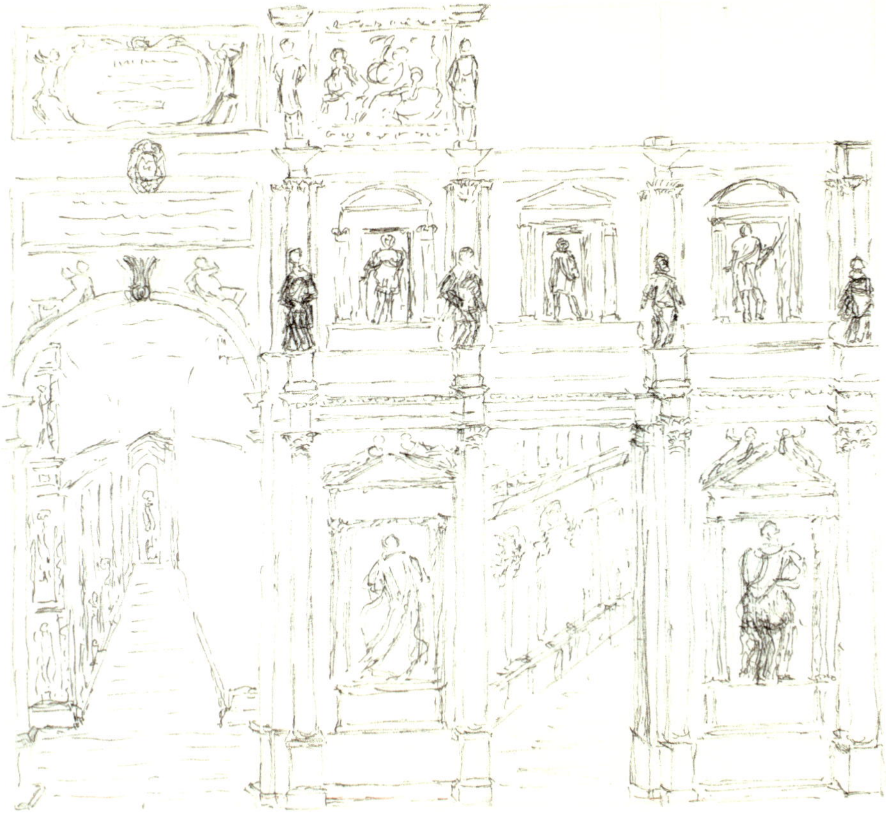

Teatro Olimpico, Vicenza, Italy / Teatro Olimpico, Vicence, Italie

lines and possibly a suggestion of shading. At this point I have a choice of moving to another location or continuing to add to the sketch.

Sketching is ultimately just part of the process of creating art works. Whether you set out to record particular aspects of a scene, or allow your pen, pencil or brush to develop the record as you go, you should be able to rediscover what inspired you about the scene in the first place if you decide to work on it further at home.

En fin de compte, le croquis n'est qu'une étape dans le processus de création des œuvres d'art. Que l'on souhaite consigner les détails particuliers d'une scène, ou laisser le crayon ou le pinceau noter ces détails au fur et à mesure, on doit pouvoir redécouvrir la source d'inspiration initiale d'une scène, lorsqu'on la retravaille, une fois revenu à la maison.

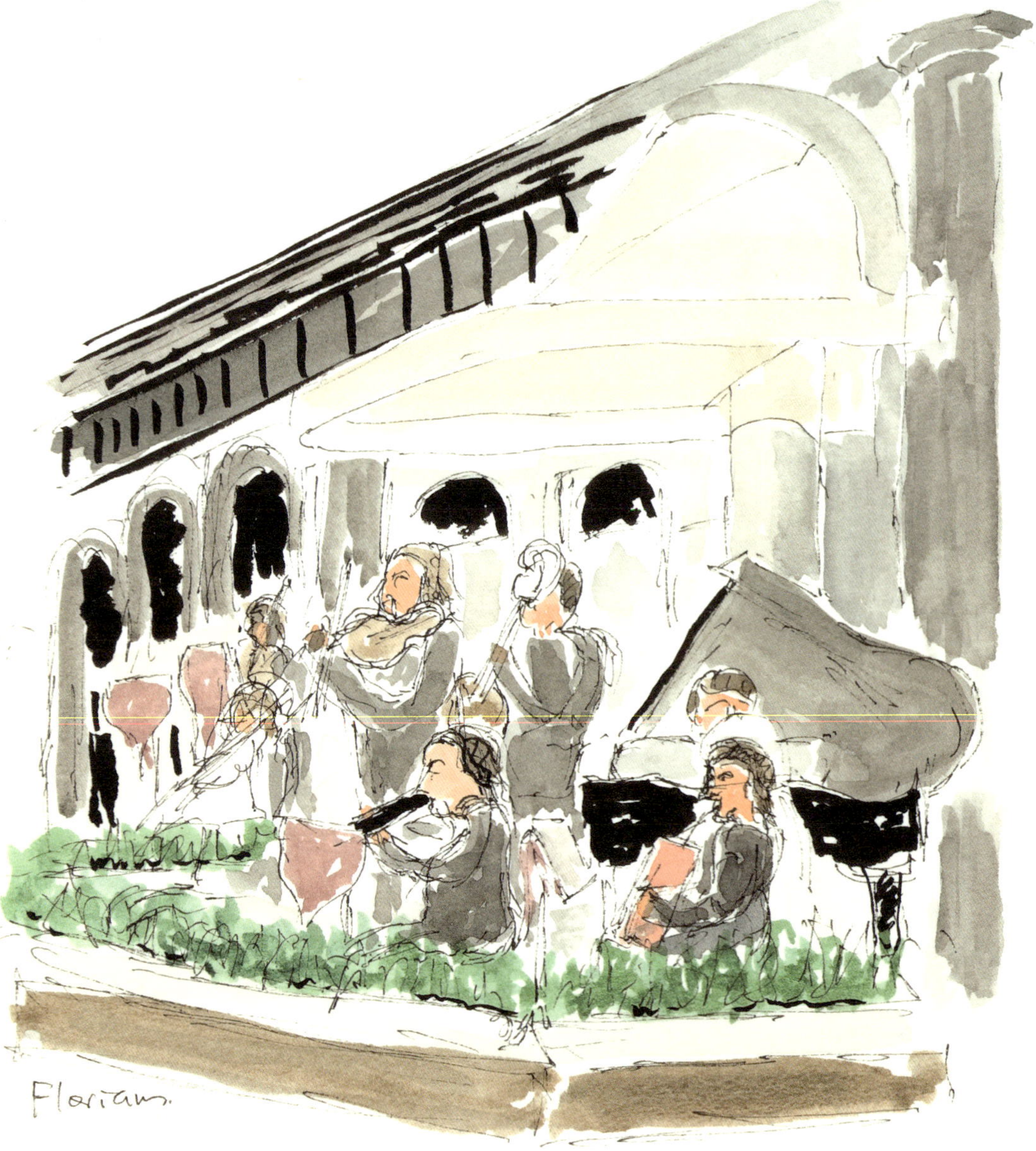

Orchestra at celebrated Florian's Café, Piazza San Marco, Venice
After dinner, coffee. While listening to the violins, my hand starts doodling in response (opposite).

Orchestre au célèbre café Florian, Piazza San Marco, Venise.
Je prenais le café après le dîner. Ma main s'est mise à griffonner en réponse à la musique (page ci-contre).

After many years of doodling, I've come to believe that these spontaneous scribbles or marks can deeply express personality; in a sense, they are another way of interpreting our experience or capturing the mood we're in. I first started doodling out of frustration. One day my hand just started wandering around the paper when my sketch wasn't working out, scribbling in the margins in response to some music I could hear in the background.

As children, we often doodle. As adults, we tend to doodle when otherwise occupied – on the phone, in a meeting or lecture, writing a list – basically, any moderately engaging mental activity with a pen in hand. The doodle just happens.

The doodle has a long history of eminent practitioners. Historical figures like Erasmus drew comical faces in the margins of manuscripts. The poet John Keats drew flowers in his medical

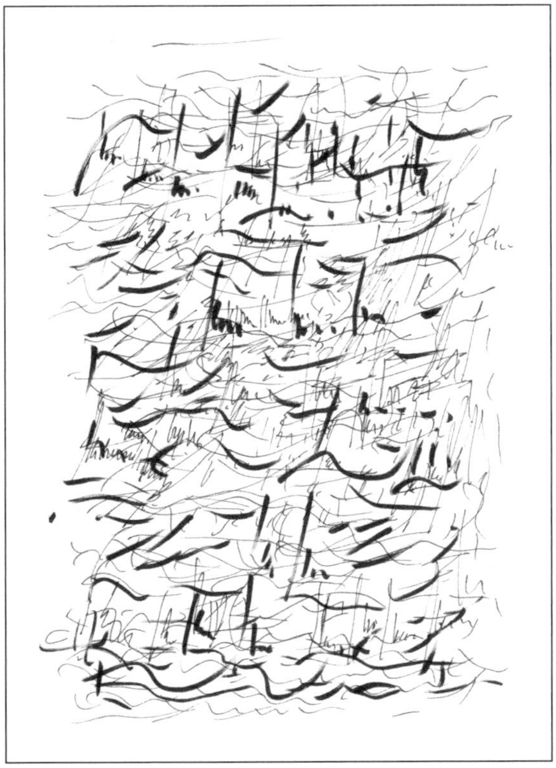

Maintenant que je griffonne depuis plusieurs années, j'en suis venu à croire que ces griffonnages ou ces marques spontanées peuvent exprimer profondément la personnalité; d'une certaine manière, ils constituent un autre moyen d'interprétation de l'expérience ou de transmission d'un état d'esprit. J'ai commencé à griffonner par frustration. Un jour, ma main a simplement commencé à errer sur la feuille tandis que mon croquis n'aboutissait pas, et j'ai griffonné dans les marges, au son d'une musique de fond.

Les enfants griffonnent souvent. Les adultes griffonnent lorsqu'ils sont occupés à autre chose : au téléphone, pendant une réunion ou une conférence, en rédigeant une liste. En somme, cela se produit tout naturellement, du moment où l'on accomplit une activité mentale moyennement engageante, une plume à la main.

Le griffonnage possède une longue histoire d'éminents adeptes. Des personnages historiques comme Érasme dessinaient des visages comiques dans les marges des manuscrits. Le poète John Keats dessinait des fleurs dans ses carnets de médecine. Ralph Waldo Emerson ornait ses cahiers de composition en griffonnant des volutes décoratives. Une fois, il a fait le croquis d'un homme dont les pieds étaient mordus par un grand poisson qui nageait tout près. Il a ajouté cette légende : « Mes pieds sont disparus. Je suis un poisson. Oui, je suis un poisson ! ».

Beaucoup de gens aiment griffonner distraitement, et ces griffonnages sont souvent très riches de sens. Le griffonnage représente un merveilleux moyen de jouer avec le visuel; je suis toujours étonné de voir à quel point les résultats peuvent être intéressants. De plus, c'est relaxant et ça peut même donner de l'inspiration pour d'autres œuvres.

J'ignore si je dois le prendre ou non comme un compliment, mais plusieurs personnes ont trouvé que je devrais écrire ce livre davantage à cause de mes griffonnages que de mes dessins.

notebooks. Ralph Waldo Emerson decorated his composition books with doodles of ornamental scrolls. Once he sketched a man whose feet were bitten off by a great fish swimming nearby. He added the caption, "My feet are gone. I am a fish. Yes, I am a fish!"

Many people love to scribble absent-mindedly, and often these doodles can carry a great deal of meaning. Doodling is a wonderful way to play visually and it never ceases to amaze me just how interesting the results can be. It is also relaxing and may surprise you by providing inspiration for further work.

I don't know whether to take it as a compliment or not but several people thought I should write this book more because of my doodles than anything else. Certainly a doodle argues well for the power of sheer line or scribble to convey a wealth of meaning, to express humour, emotion or poetry.

Certes, le griffonnage constitue un solide argument au sujet du pouvoir qu'a la ligne pure de communiquer une richesse de signification, d'exprimer de l'humour, des émotions ou de la poésie.

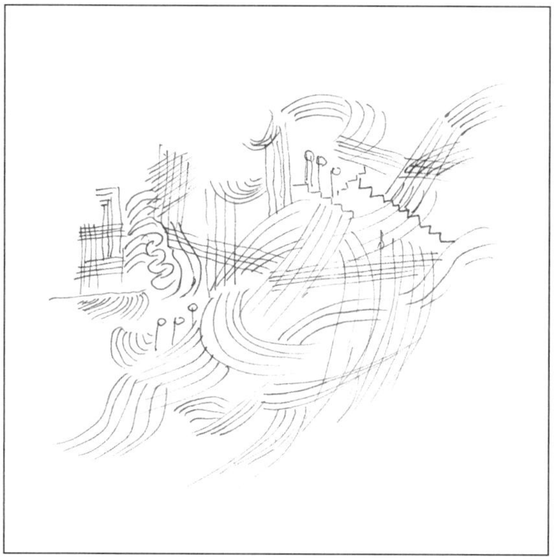

Rome Airport

Ten a.m. in the airport after a holiday. An hour to wait before my flight. I take out my pad and pencil; the first doodle is calm, reflecting the relaxed time I had enjoyed in Italy. Unfortunately the flight was delayed for eleven hours. Not surprisingly, the second doodle is darker, expressing the frustration of my long wait.

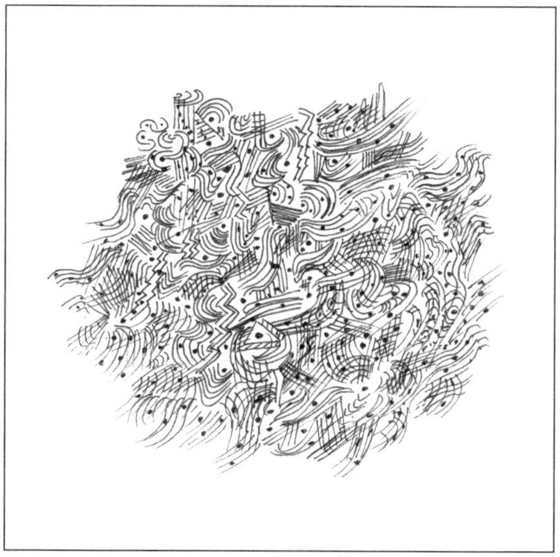

Aéroport de Rome

Il est dix heures du matin à l'aéroport, à la fin de mes vacances. J'ai une heure d'attente avant mon vol. Je sors mon bloc à dessin et mon crayon : le premier griffonnage est calme, reflétant mon séjour reposant en Italie. Malheureusement, le vol est retardé pendant 11 heures. Le second griffonnage est plus sombre, exprimant la frustration liée à ma longue attente, ce qui n'a rien d'étonnant...

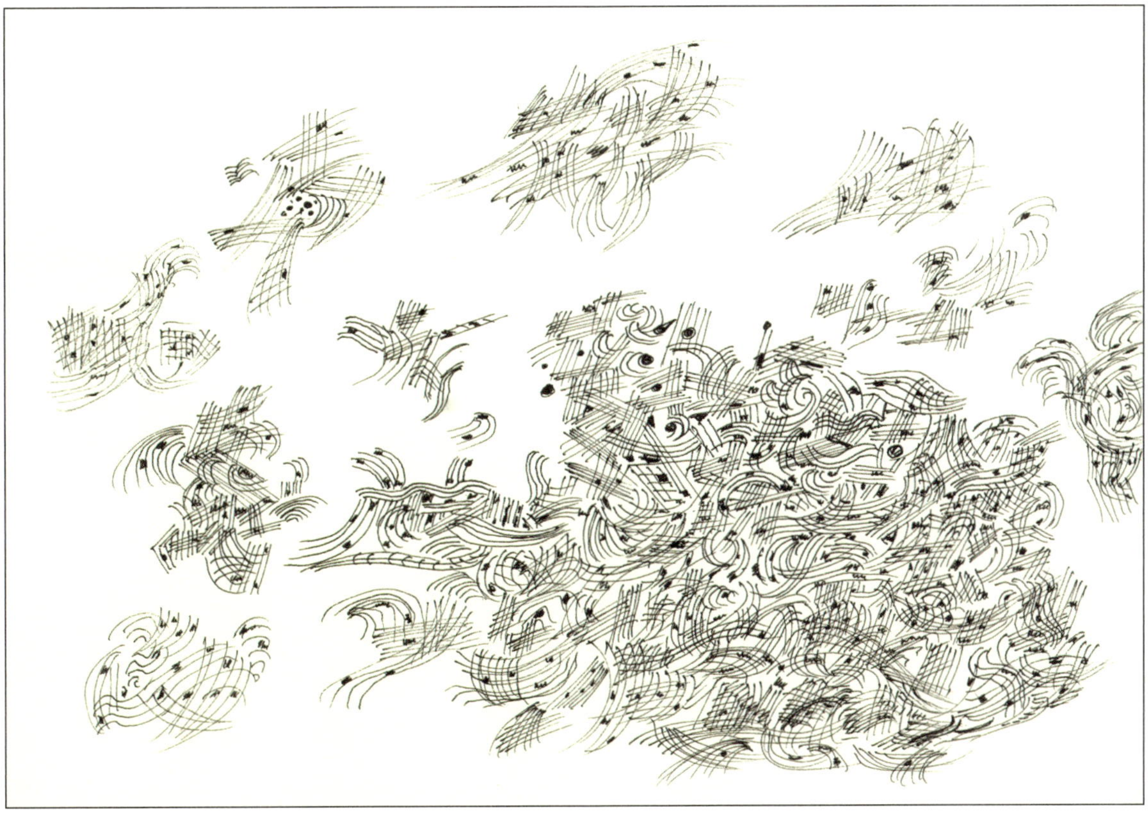

Listening to music / En écoutant de la musique

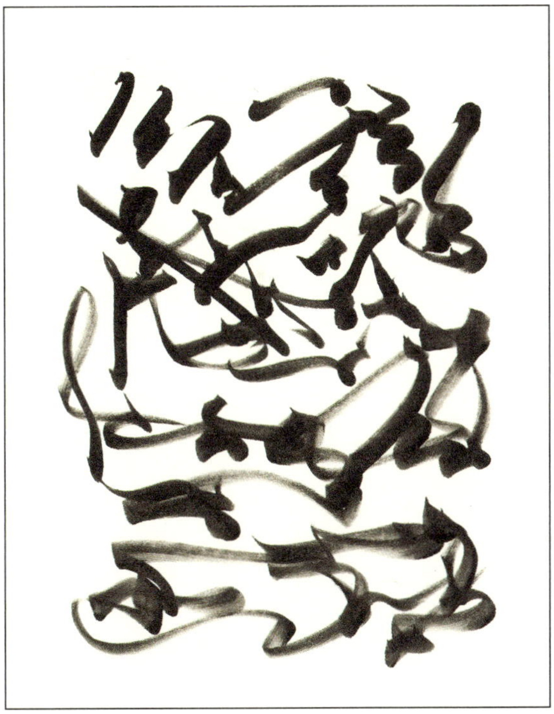

Feeling disturbed / Je me sens troublé

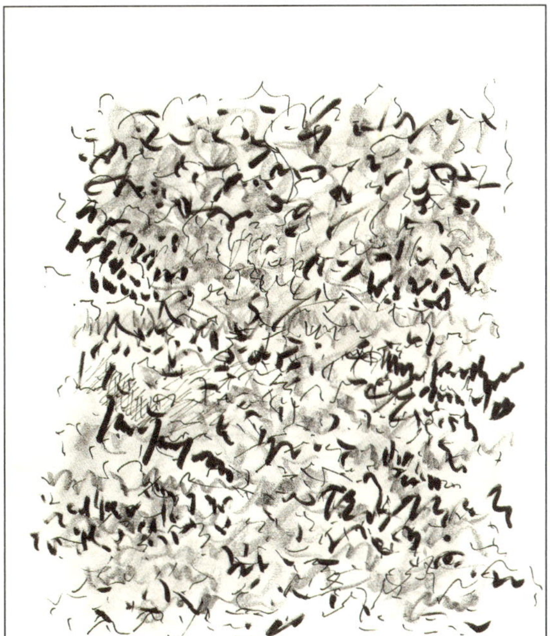

Baroque music and jazz / Musique baroque et jazz

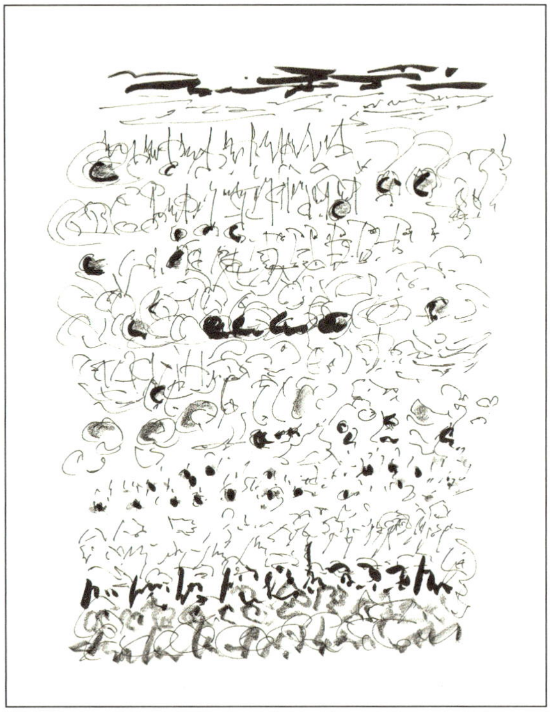

Rose Bowl Parade, 2002
Parade du Rose Bowl, 2002

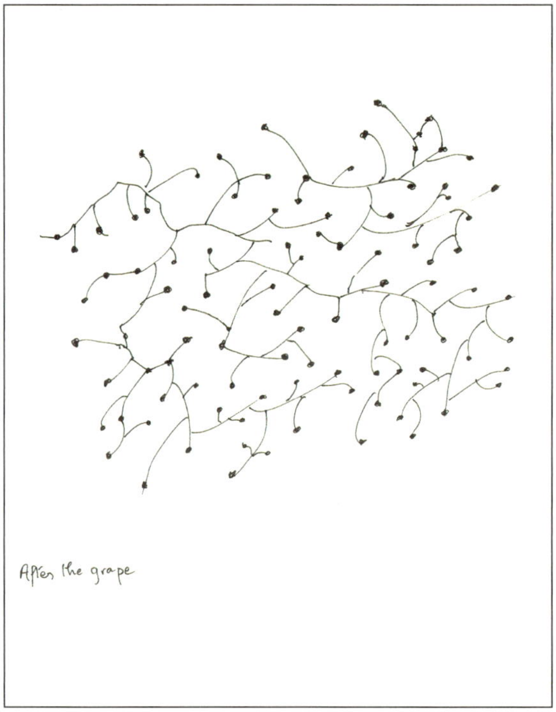

After the grape / Après le raisin

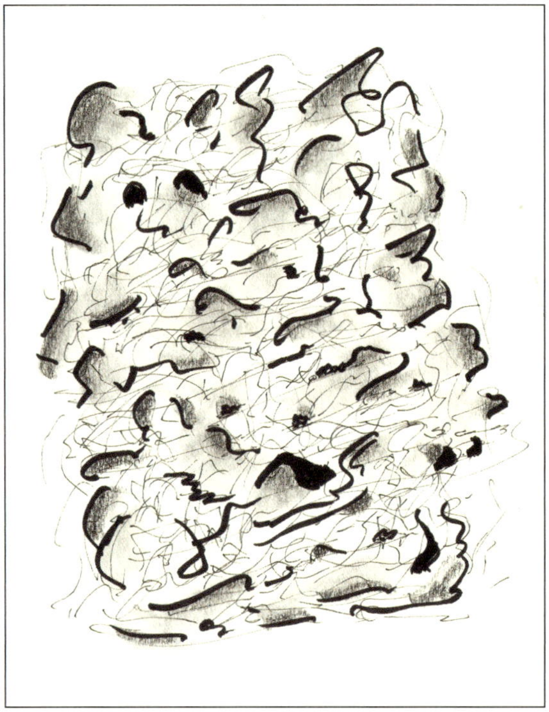

Explorations

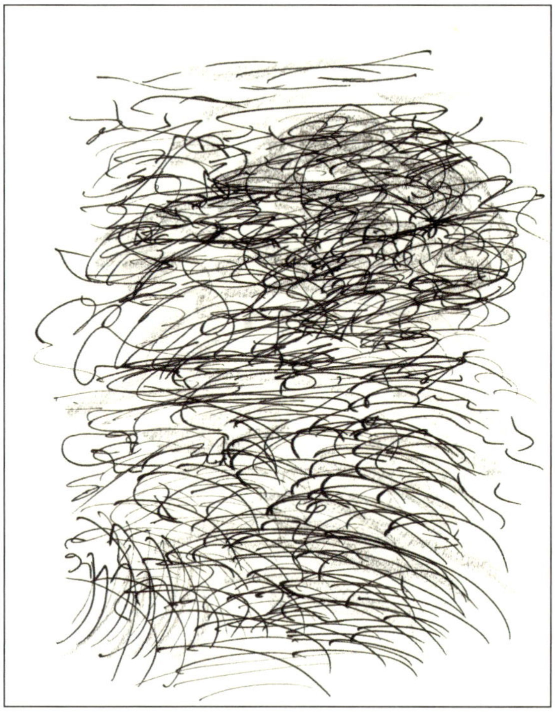

Storm, St. Lawrence River
Tempête sur le fleuve Saint-Laurent

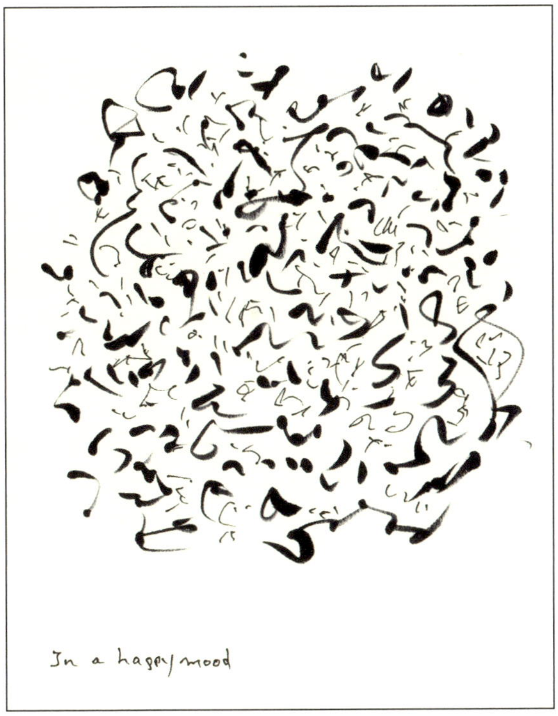

In a happy mood / De bonne humeur

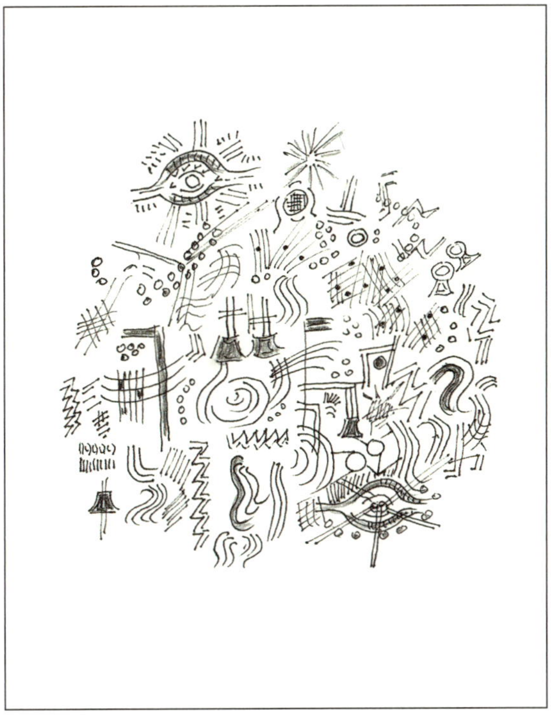

Closing Ceremonies, Salt Lake City Olympics, 2002
Cérémonies de clôture, Jeux olympiques de Salt Lake City, 2002

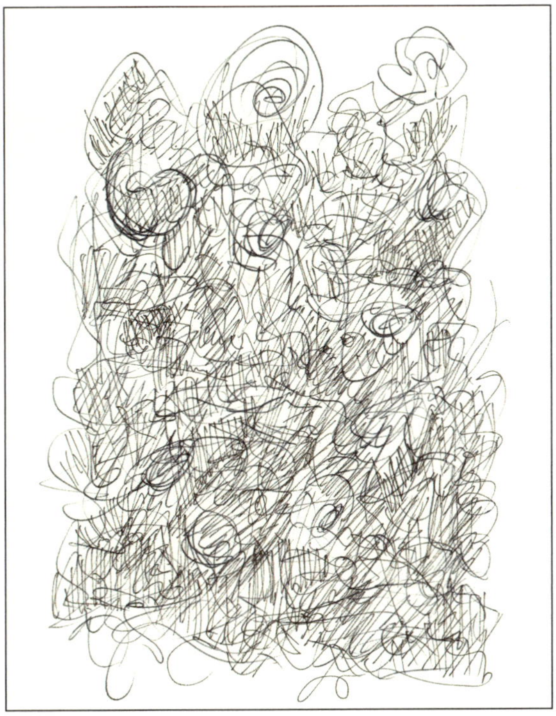

Whither / Où?

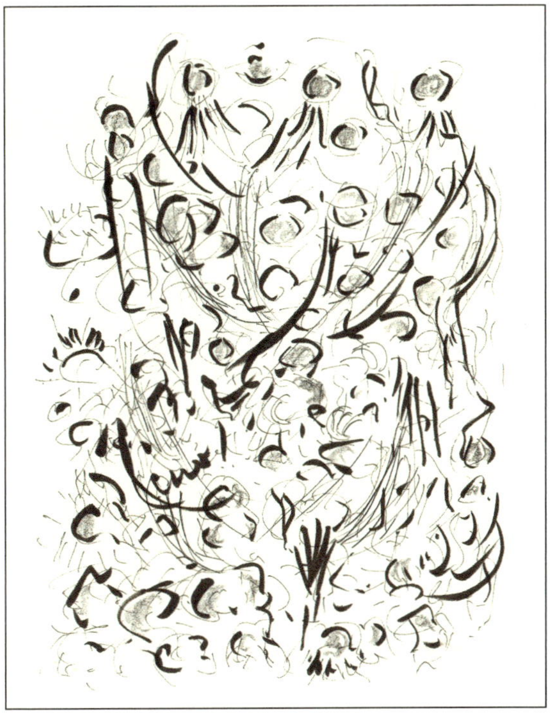

At the Cirque du Soleil / Au Cirque du Soleil

Watercolour

I have never tired of the challenge and joy of simple pencil or ink lines, their ability to capture a sense of reality, mood, atmosphere, our personal interpretations of what we see. Notwithstanding, every now and then, my black-and-white drawings seemed to call out for colour. I remember an evening in Venice in particular. I wanted to convey the sense of light on the wall of an old cathedral, to capture the relations of colour as they fell in and out of shadow at that magical time – dusk.

I applied a few soft hues of raw sienna and immediately evoked that particular quality and warmth of early evening light. Once I realized how quickly and easily colour could enhance my sketches, I started incorporating it more and more.

I came to colour with some apprehension! After the frustrating experience of my first painting class, I had hidden my paints in the back of the closet. Once I decided to continue to explore paint, however, watercolour was my medium of choice. The luminous transparency it can achieve is, for me, its unique virtue. I realized I could use a few lessons though and asked Leslie Coppold to teach me some techniques. For a while I used watercolour alone, without any preliminary drawing. But, as a diehard sketcher, my preference is to bring the two disciplines together. Thus, watercolour is one element I use to complement my drawing. I even tend to draw with the medium, with smaller brushes. And, a sketch or drawing in pencil or ink lends itself well to adding watercolour. You can achieve a lively interaction between the crisp spontaneity of the pencil line and the fresh freedom of brushwork.

Watercolour has distinct advantages over oil or acrylic. The medium is compact and not heavy or cumbersome if you want to do it while travelling. You can set to work at the kitchen table with very little equipment. You just clean up with water.

L'aquarelle

Je ne me suis jamais lassé du défi et du plaisir du simple dessin au trait, au crayon ou à l'encre, avec sa capacité de rendre la réalité, l'état d'âme, l'atmosphère et les interprétations personnelles de ce que nous voyons. Malgré tout, de temps à autre mes dessins en noir et blanc semblaient réclamer de la couleur. Je me souviens notamment d'une soirée à Venise. Je voulais suggérer l'effet de la lumière sur le mur d'une vieille cathédrale, et rendre les rapports colorés qui oscillaient entre la clarté et l'ombre, à ce moment magique de la journée qu'est le crépuscule.

J'appliquai quelques nuances douces d'ocre brun, suggérant immédiatement cette qualité et cette chaleur propres à la lumière du début de la soirée. Lorsque j'ai compris comment la couleur pouvait rapidement et facilement rehausser mes croquis, j'ai commencé à en ajouter de plus en plus souvent.

Toutefois, ce n'est pas sans appréhension que j'en suis venu à utiliser la couleur ! Après l'expérience frustrante de mon premier cours de peinture, j'avais fourré mes couleurs au fond du placard. Cependant, lorsque j'ai décidé de continuer à explorer la peinture, l'aquarelle est devenue mon médium favori. D'après moi, seule l'aquarelle procure cette transparence lumineuse qui lui est propre. Je me suis rendu compte que je pourrais bénéficier de quelques cours, et j'ai demandé à Leslie Coppold de m'enseigner certaines techniques. Pendant quelque temps, j'ai utilisé l'aquarelle seule, sans dessin préliminaire. Néanmoins, non que je sois un dessinateur de croquis endurci, je préfère combiner les deux disciplines. De cette façon, l'aquarelle constitue un élément que j'emploie pour compléter mon dessin. Je suis même porté à dessiner avec le médium, à l'aide de pinceaux plus fins. De plus, un croquis ou un dessin au crayon ou à l'encre se prête bien à l'ajout d'aquarelle. On peut obtenir

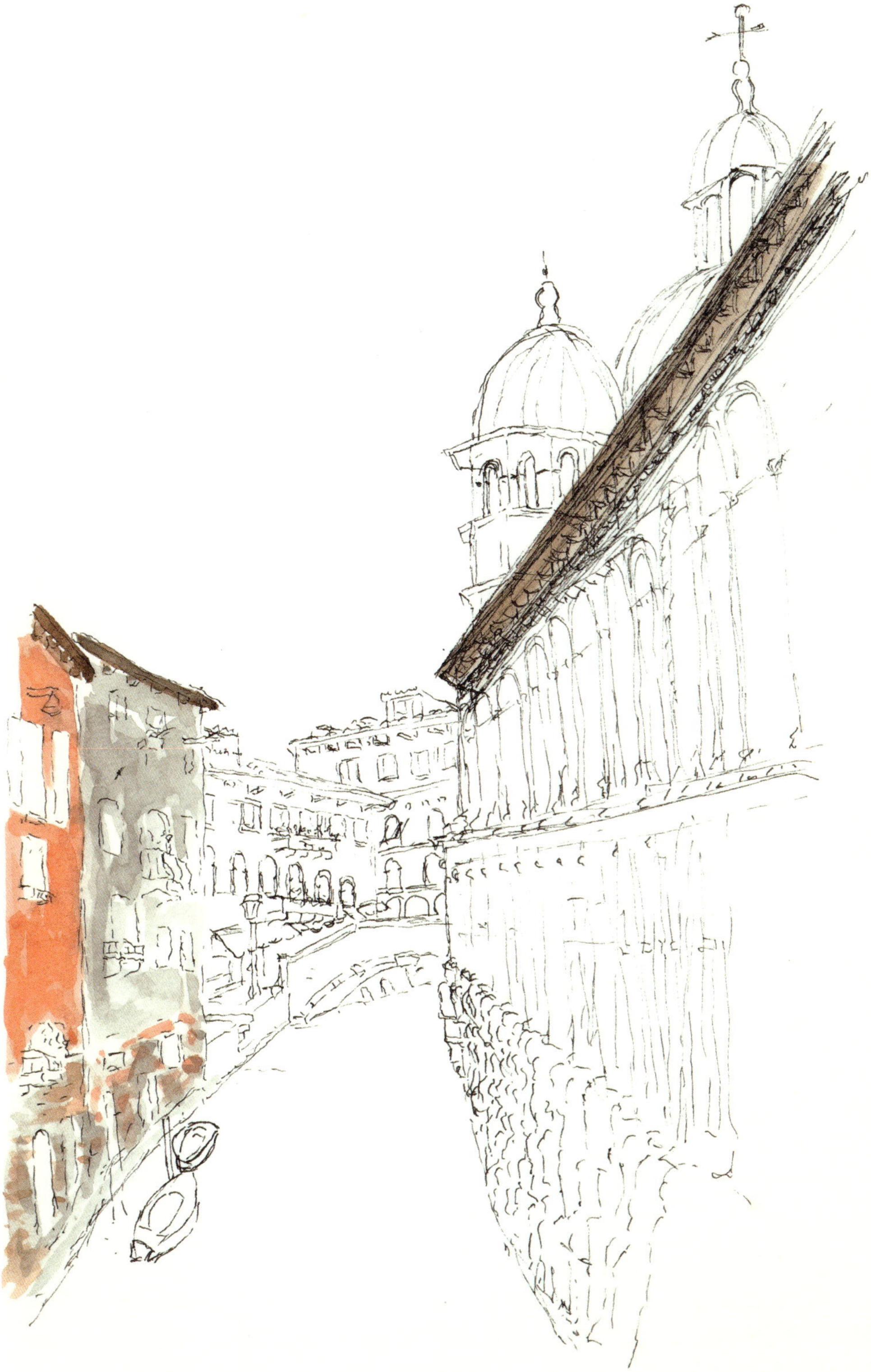

Church Dei Miracoli, Venice / Chiesa dei Miracoli, Venise

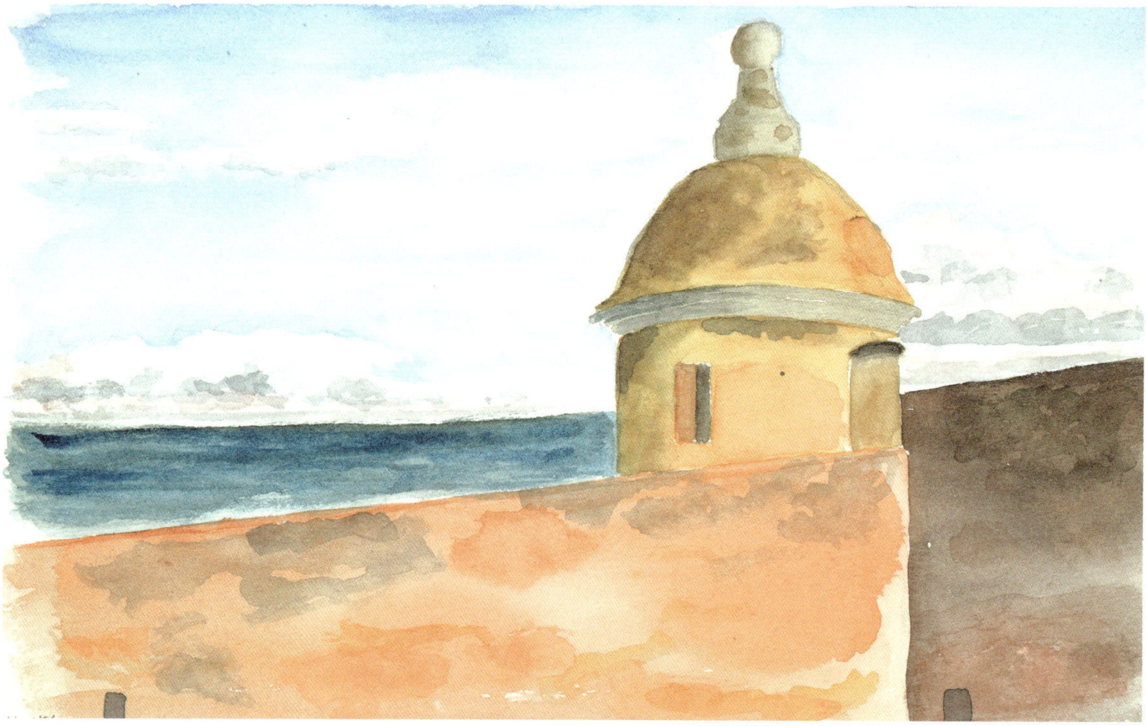

Old Fort, Puerto Rico / Ancien fort, Puerto Rico

Another advantage is that it offers a uniquely spontaneous painting experience in contrast to oils that may take weeks to complete. A watercolour can be completed in an afternoon.

I also encourage you to try watercolours because quite quickly you can enjoy working with the medium by learning a few techniques to add to your repertoire. Alternatively, you can master the medium more thoroughly. It lends itself to various levels of training and experience, as you can see from my humble use of the medium. The fact that it can be used in a sketchy way and on a modest scale greatly appeals to me. But the variety of effects one can achieve with watercolour is virtually limitless.

The behaviour of watercolours is influenced by the personality of the painter but equally by the materials and technique being used. The quality of paper, the dryness or wetness of the paper, the proportion of water to pigment, the type of brush and how it holds the medium – these are all factors that determine the final outcome.

une interaction très dynamique entre la spontanéité nette du trait de crayon et la fluidité du coup de pinceau.

L'aquarelle possède des avantages évidents par rapport à l'huile et à l'acrylique. C'est un médium portatif, léger et peu encombrant, qui s'apporte bien en voyage. On peut travailler sur la table de cuisine, avec très peu de matériel. On nettoie simplement avec de l'eau.

Un autre avantage de l'aquarelle, c'est d'offrir une expérience unique de peinture spontanée, à la différence de la peinture à l'huile, qui n'est souvent terminée qu'après plusieurs semaines. On peut achever une aquarelle en l'espace d'un après-midi.

Je vous encourage aussi à essayer l'aquarelle, parce que vous apprécierez très vite le travail avec ce médium, après avoir appris quelques techniques qui s'ajouteront à votre répertoire. Vous pourrez aussi maîtriser plus à fond ce médium, qui se prête à divers niveaux de formation et d'expérience, comme vous pouvez le constater par mon humble

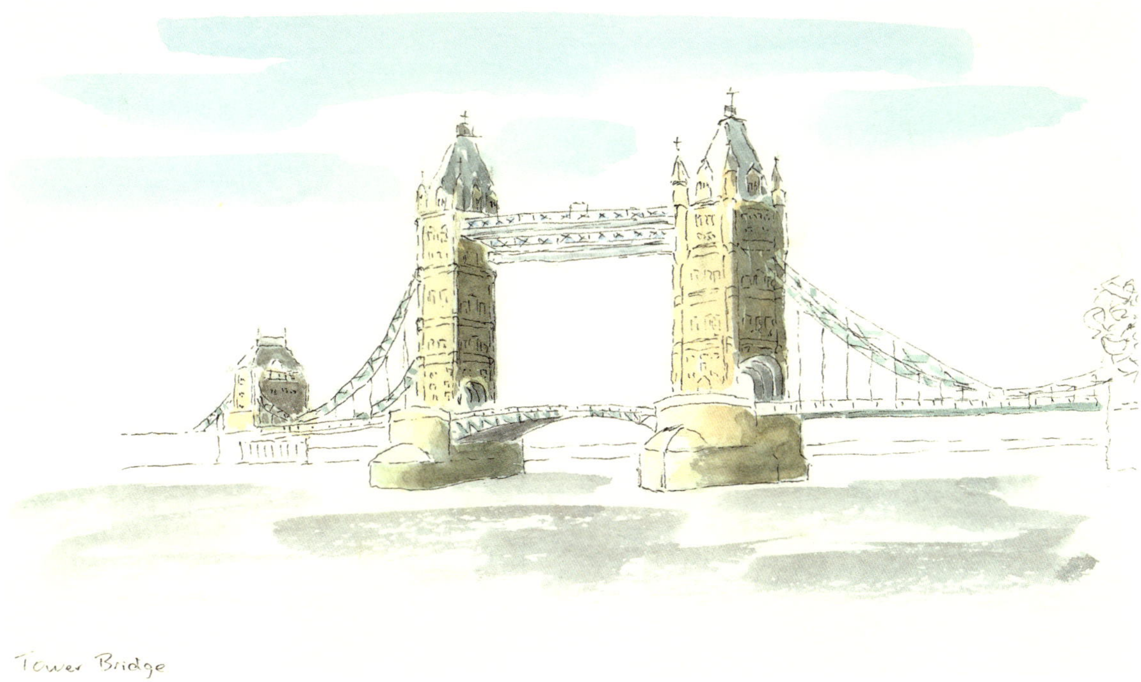

Tower Bridge, London

A slightly overcast day, Tower Bridge stood strong and solid – twin towers firmly anchored to their stone bases. Yet this is not the way I saw it. Rather, a more serene, peaceful structure – one leading to dreams and fairy tales. The slight suggestion of the river allowed me to emphasize the very special structure of the towers. The suspension cables balanced the composition – steadying but delicate lines.

Pont de la Tour de Londres

Sous un ciel légèrement couvert, le pont de la Tour de Londres semblait fort et solide, avec ses tours jumelles fermement arrimées à leur base en pierre. Pourtant, ce n'est pas ainsi que je l'ai perçu, mais plutôt comme une structure sereine et tranquille, digne des rêves et des contes de fées. En évoquant discrètement le fleuve, j'ai pu mettre l'accent sur la structure unique des tours. Les câbles du pont suspendu équilibrent la composition : ce sont des traits à la fois stables et délicats.

usage de cette discipline. J'aime le fait que l'aquarelle peut être utilisée d'une manière spontanée, à petite échelle. Ceci étant dit, la variété des effets que l'on peut obtenir à l'aquarelle est pratiquement infinie.

Le fonctionnement de l'aquarelle est influencé non seulement par la personnalité du peintre, mais aussi par la technique et les matériaux utilisés. La qualité du papier, le fait qu'il soit plus ou moins sec ou mouillé, les proportions d'eau et de pigment, le type de pinceau et son pouvoir de rétention du médium constituent autant de facteurs qui déterminent le résultat final.

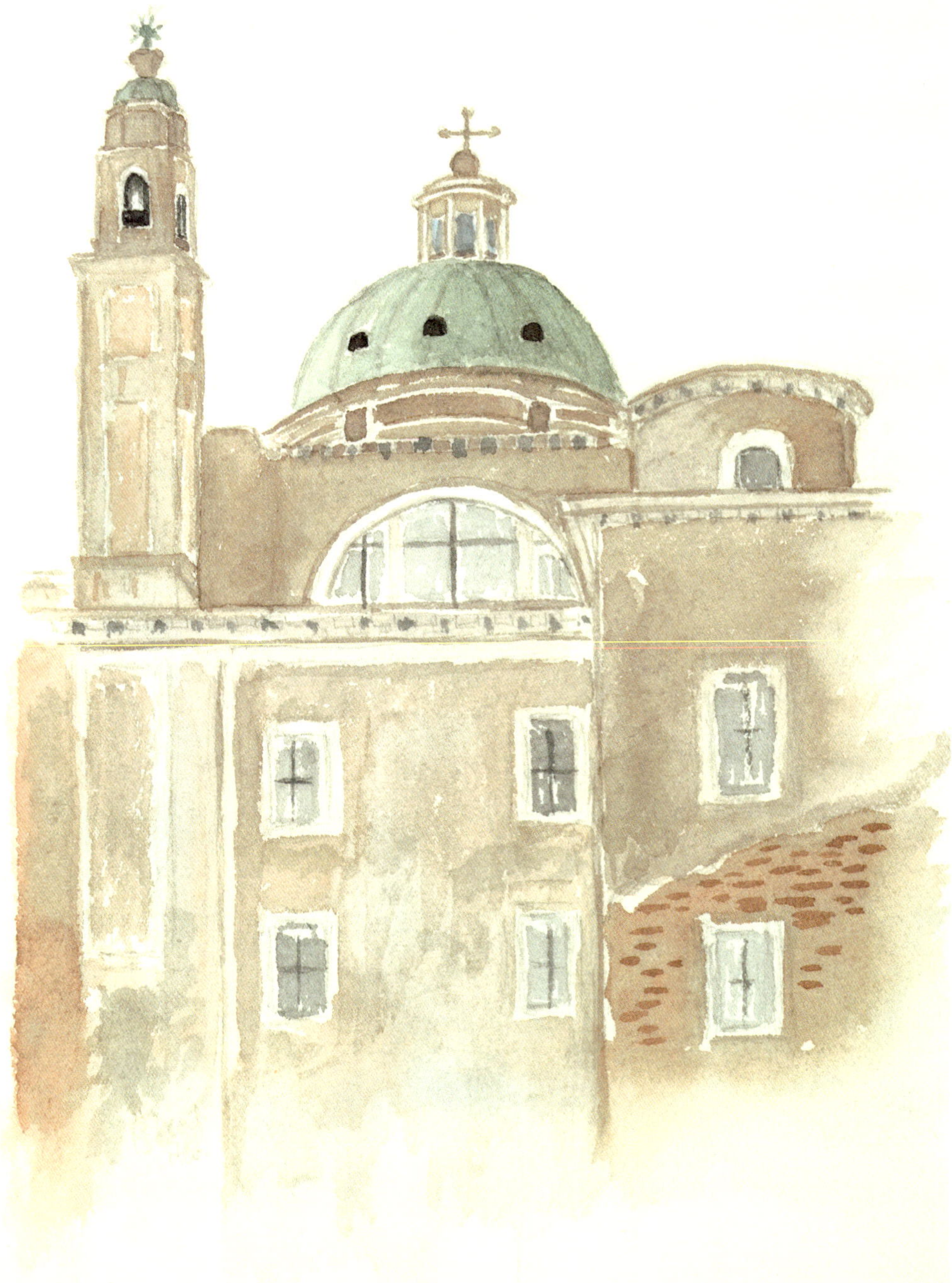

Church of the Gesuati, Venice / Église des Jésuites, Venise

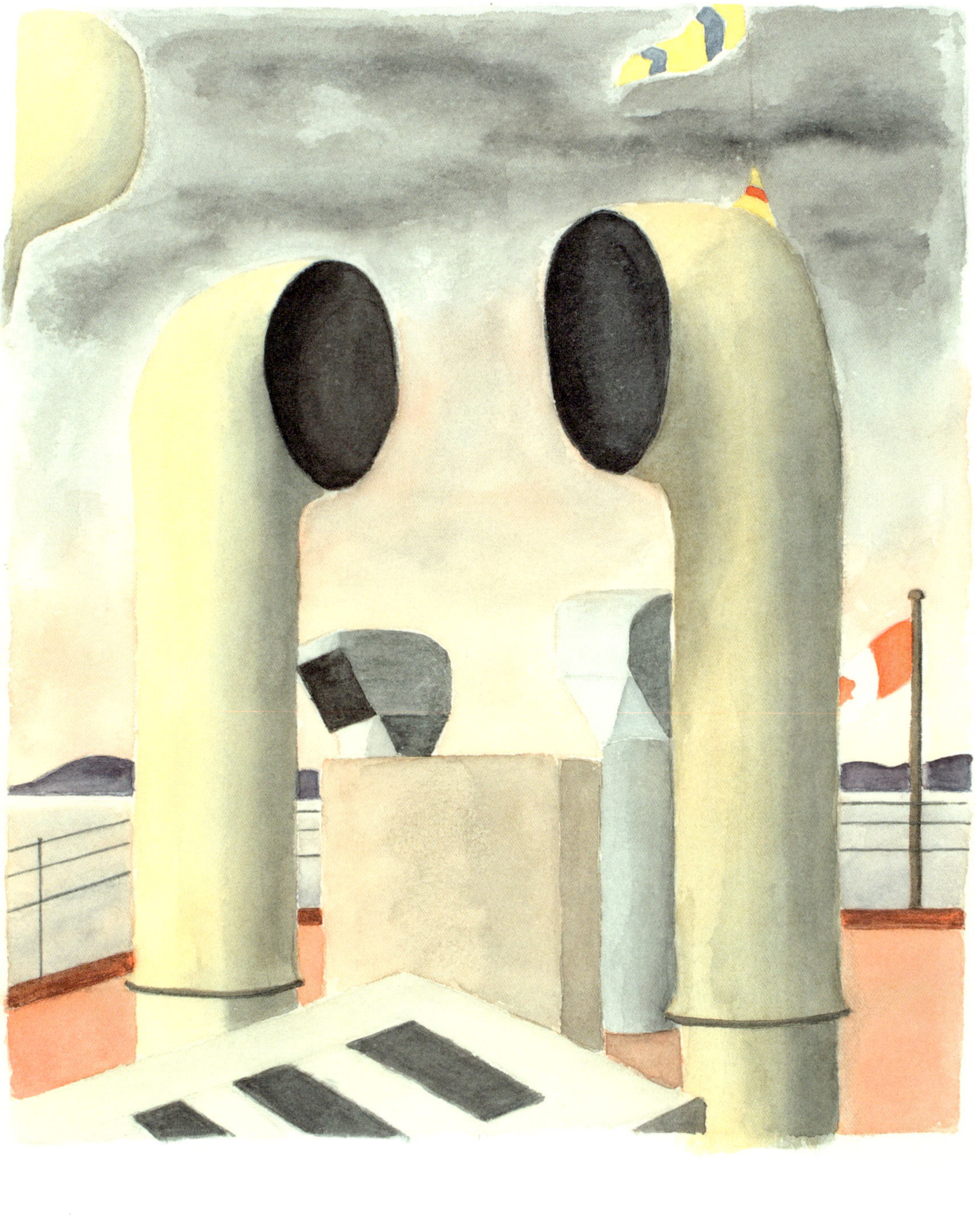

Icebreaker *Ernest-Lapointe,* Musée maritime du Québec, L'Islet-sur-Mer
Brise-glace *Ernest-Lapointe,* Musée maritime du Québec, L'Islet-sur-Mer

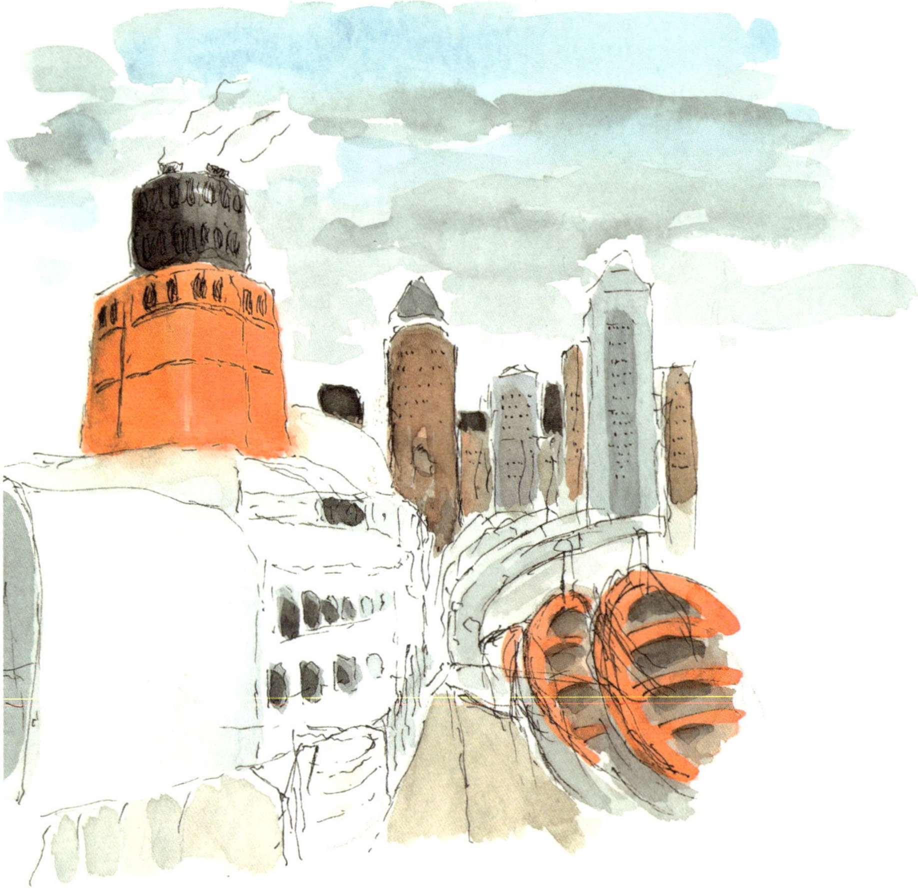

Queen Elizabeth II, New York
Arrived on the upper deck of the Queen Elizabeth II *just as the big ship began to move away from its New York dock. A large funnel, an orange row of lifeboats and the New York skyline. As the ship began to increase speed, I hurried, pencil in hand, to record the scene – the challenge of sketching quickly while on board a moving ship.*

Queen Elizabeth II, New York
Je suis arrivé sur le pont supérieur du Queen Elizabeth II, *au moment où le grand navire s'apprêtait à quitter le quai à New York. J'ai dessiné une grande cheminée, la rangée des canots de sauvetage oranges et la silhouette de New York. Tandis que le navire commençait à accélérer, je me suis dépêché de noter la scène, crayon en main : c'est un défi de dessiner rapidement, à bord d'un bateau en mouvement !*

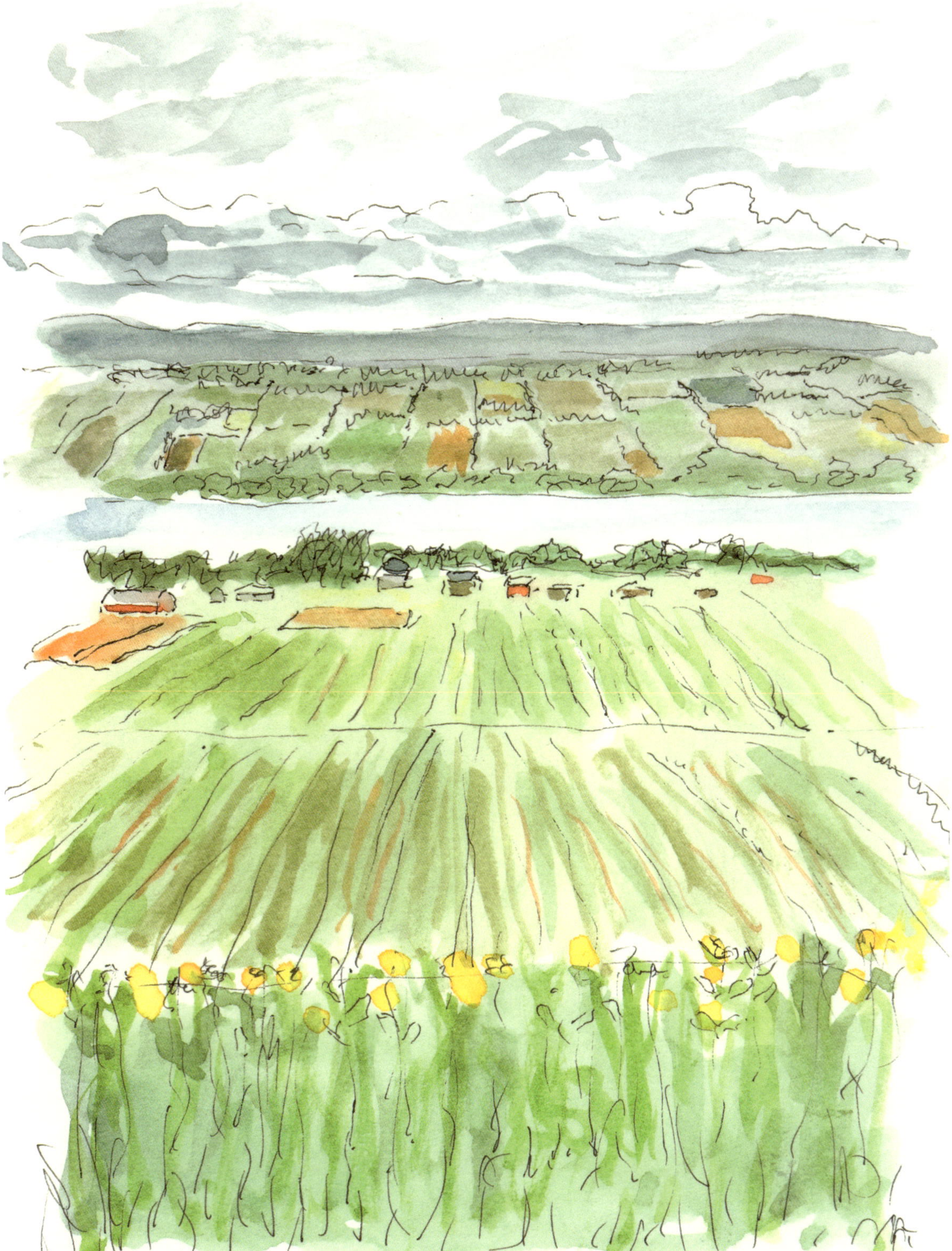

View of Île d'Orléans, Québec / Vue de l'île d'Orléans, Québec

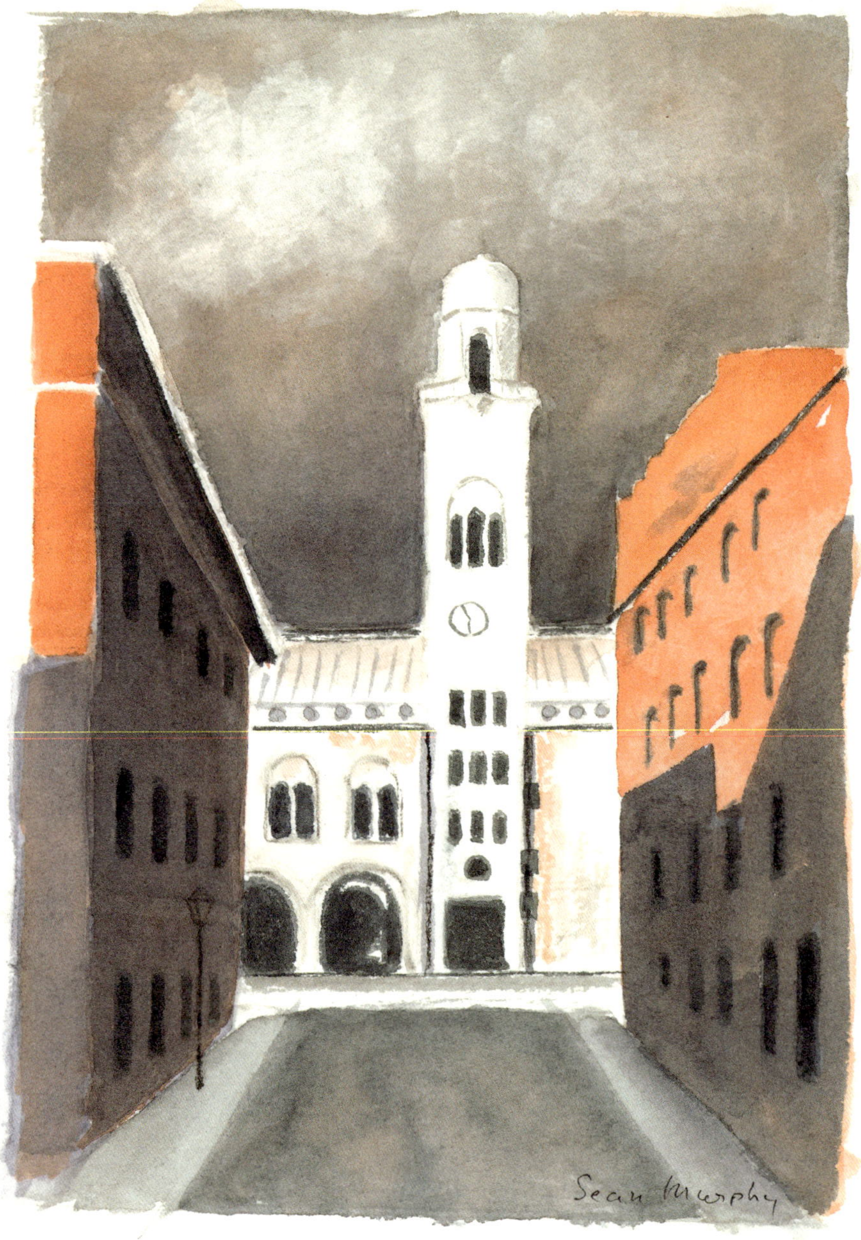

Christian Science Church, London

Late afternoon, a stark white church against dark clouds. Carried away by the drama, I started sketching standing on the sidewalk. Not the angle I wanted, so periodically, when the London traffic lessened, I stood in the middle of the street. Sketchers beware! At times a calculated risk may be called for.

Christian Science Church, Londres

En fin d'après-midi, une église blanche et austère contre des nuages sombres. Je me suis laissé emporter par le drame de la scène, et j'ai commencé à dessiner, debout sur le trottoir. Comme ce n'était pas l'angle que je souhaitais, je me suis périodiquement tenu au milieu de la rue lorsque la circulation londonienne diminuait. Dessinateurs, prenez garde ! Parfois, il faut prendre un risque calculé.

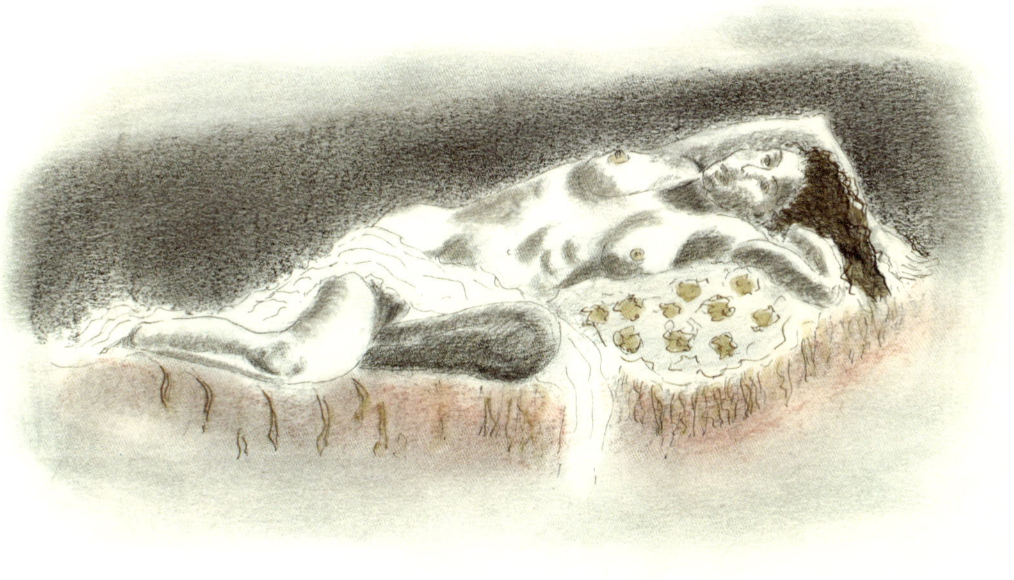

Drawing from the model / Dessin d'après modèle

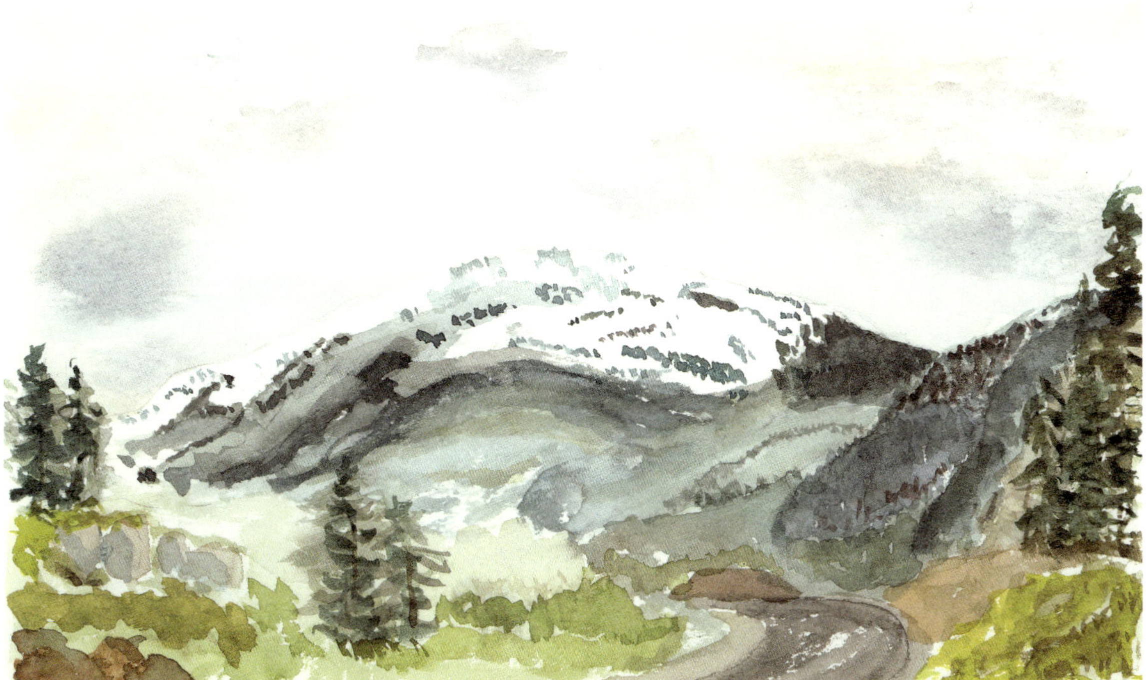

Mountains, British Columbia / Montagnes, Colombie Britannique

What to Paint or Draw

As a beginner, one faces the daunting question of what to draw or paint. I have found that the more I draw, the more I find to draw. In the beginning, I would spend long hours walking or driving around searching out just that right scene. Now, I spend less time looking and more time drawing. Practically everything I look at asks to be drawn; I see compositions, shapes and objects of interest everywhere.

It is equally true that once you find a subject that resonates with you in a personal way, an emotional or intuitive dimension is added that can enrich the pleasure and depth of your drawing experience and perhaps the quality of the drawing itself. In the history of art, there are many examples of artists' fascination with a particular place or object that they continue to paint or draw over a period of years, excavating every angle and nuance, delving deeper and deeper in an attempt to capture the essence of their chosen subject. Think of Claude Monet and his waterlilies or Cezanne and his Mont Sainte-Victoire. As an artist yourself, you will soon discover your own favourite subject matter or metaphor.

THE EVERYDAY

In finding subjects to sketch, you need not go far. As the eye begins to appreciate the particular and unique quality of the objects and shapes around you, you will find scenes and sights everywhere that beckon: your own garden, a peach in a bowl, a coffee mug on a table or the unusual way the

Le choix des motifs

Le débutant est confronté à la question intimidante du choix des motifs à dessiner ou à peindre. J'ai découvert que plus je dessine, plus je trouve de motifs à dessiner. Au début, je marchais ou je roulais en voiture longtemps, à la recherche de la scène parfaite. Maintenant, je passe moins de temps à chercher, et plus de temps à dessiner. Presque tout ce que je vois demande à être dessiné : partout je vois des compositions, des formes et des objets intéressants.

Il est également vrai que lorsqu'on trouve un sujet qui nous rejoint personnellement, il s'ajoute une dimension affective ou intuitive qui peut enrichir notre expérience du dessin, et peut-être la qualité du dessin lui-même. Dans l'histoire de l'art, il existe plusieurs exemples de la fascination des artistes pour un lieu ou un objet particulier, qu'ils et elles continuent de peindre ou de dessiner pendant plusieurs années, dégageant chaque angle et chaque nuance, creusant toujours plus profondément pour essayer de rendre l'essence de leur sujet de prédilection. Il suffit de penser aux nymphéas de Claude Monet ou à la montagne Sainte-Victoire de Cézanne. En tant qu'artiste, vous découvrirez bien vite votre sujet ou votre métaphore préférée.

LE QUOTIDIEN

Il n'est pas nécessaire d'aller bien loin pour trouver des sujets de croquis. Dès que le regard s'affine, et qu'il apprécie les qualités particulières des formes et des objets environnants, partout

Métis-sur-Mer, Québec
Two neat simple iron beds – a summer house, catalogne rugs, thick warm blankets – quiet, restful and inviting.

Métis-sur-Mer, Québec
Deux lits en fer-blanc, simples et soigneusement rangés côte à côte, dans une villa d'été, des tapis en catalogne, de grosses couvertures chaudes : une atmosphère paisible, reposante et accueillante.

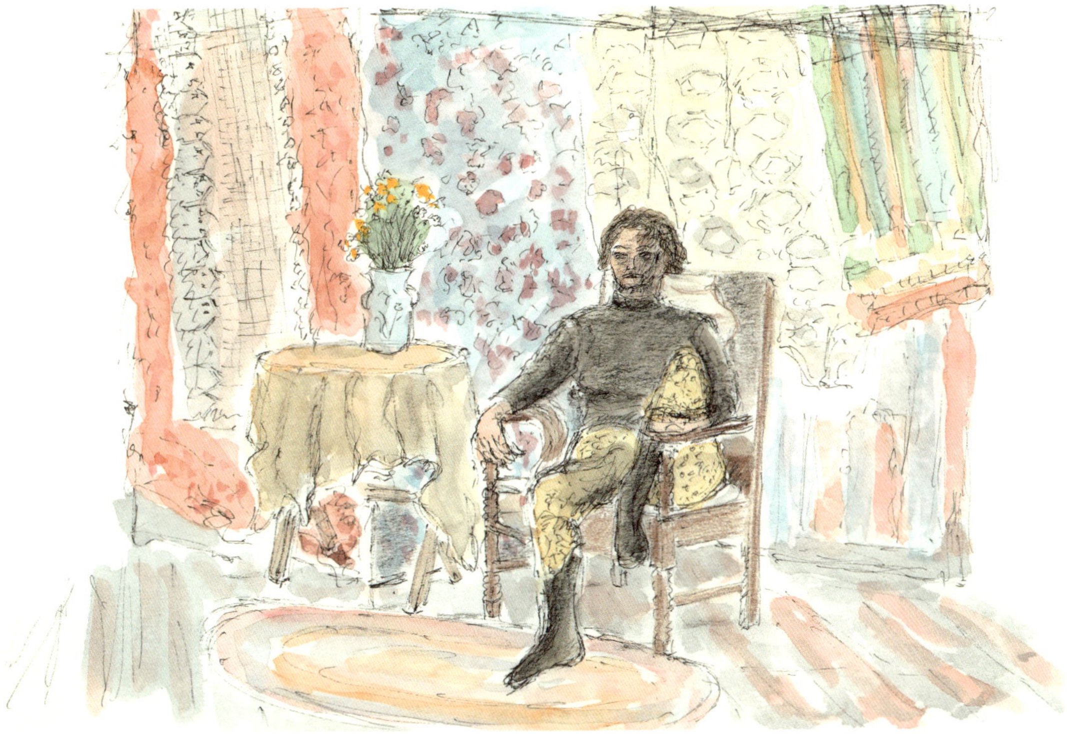

Rough sketch of model / Esquisse préliminaire d'après modèle

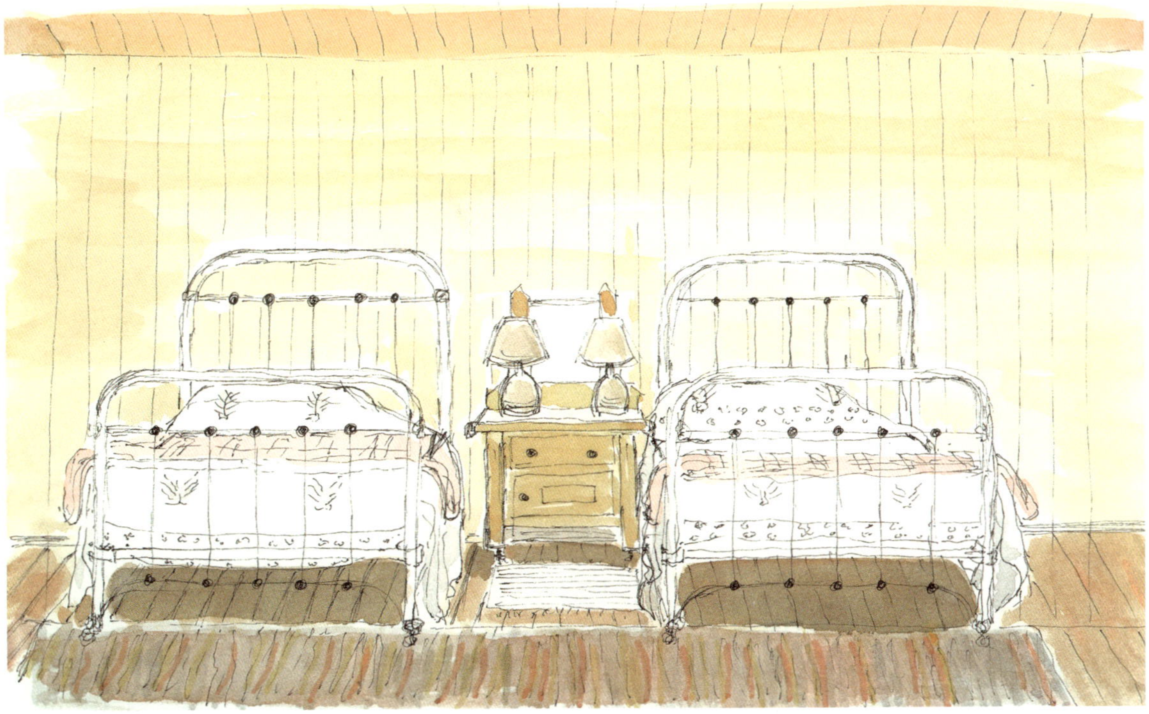

light falls through a doorway down the hall. You will soon find there is not enough time in the day to draw or sketch the many subjects that attract your eye right in your everyday world.

Sketching or painting outdoors (plein-air painting) is invigorating, especially when the weather co-operates. I spend time in the Gaspé region of Québec. My familiarity with the area lends depth to my experience of sketching; I am intent on visually rendering the unique quality of the place – the land forms and the way light defines both land and water. I am fascinated by the rock formations along the lower St. Lawrence shoreline or the hills and valleys of Sutton, Québec.

Plein-air painting offers the added experience of being out in nature, a sure tonic for the soul.

des scènes et des visions nous font signe : le jardin, la pêche dans le compotier, la tasse à café sur la table, ou la lumière inhabituelle qui traverse l'embrasure de la porte et se répand dans le couloir. Bientôt, vous trouverez que les journées ne sont pas assez longues pour dessiner ou esquisser les nombreux sujets qui attirent votre regard dans le quotidien.

La peinture en plein air est stimulante, surtout lorsque la température s'y prête. Je passe du temps en Gaspésie, au Québec. Ma connaissance de la région donne de la profondeur à mon expérience du dessin; je m'applique à traduire visuellement les qualités uniques de ces lieux, leurs reliefs et la façon dont la lumière façonne la terre et la mer. Je suis fasciné par les formations rocheuses du bas

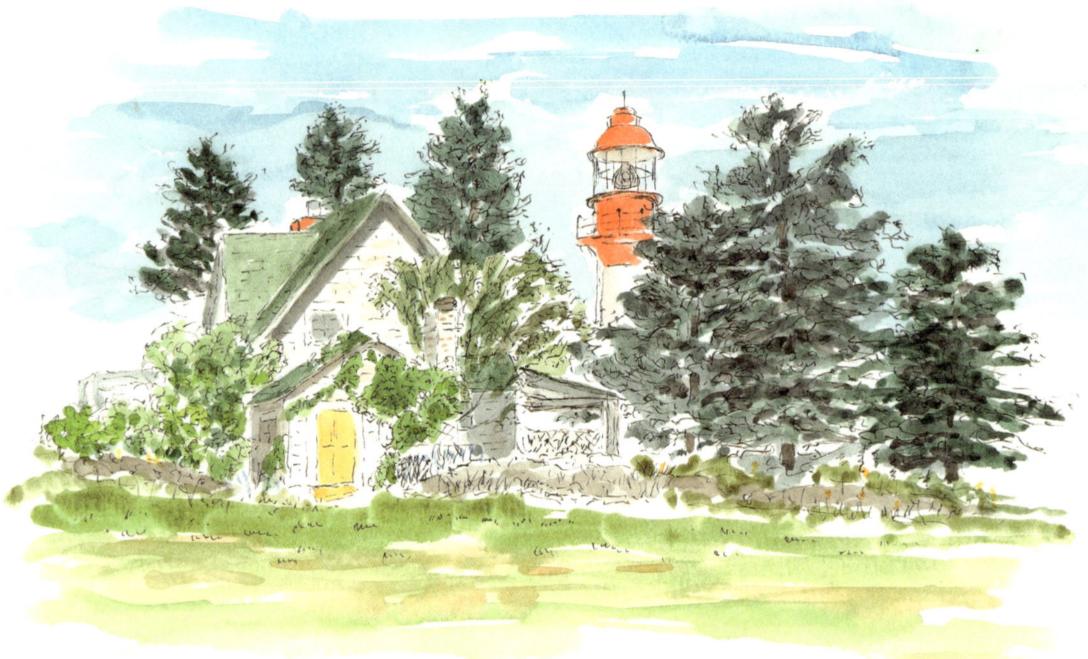

Lighthouse Point, Métis-sur-Mer, Québec
The smell of the sea is everywhere – in the trees, in the grass and in the wood of the old summer house. Each brush stroke carries the mood of the sea – choppy and smooth. Watching over it all, the reassuring presence of the lighthouse.

Pointe du Phare, Métis-sur-Mer, Québec
L'odeur de la mer est omniprésente parmi les arbres, dans l'herbe et jusque dans les boiseries de la vieille villa d'été. Chaque coup de pinceau porte l'ambiance de la mer, tantôt agitée, tantôt lisse. La rassurante présence du phare veille sur le paysage.

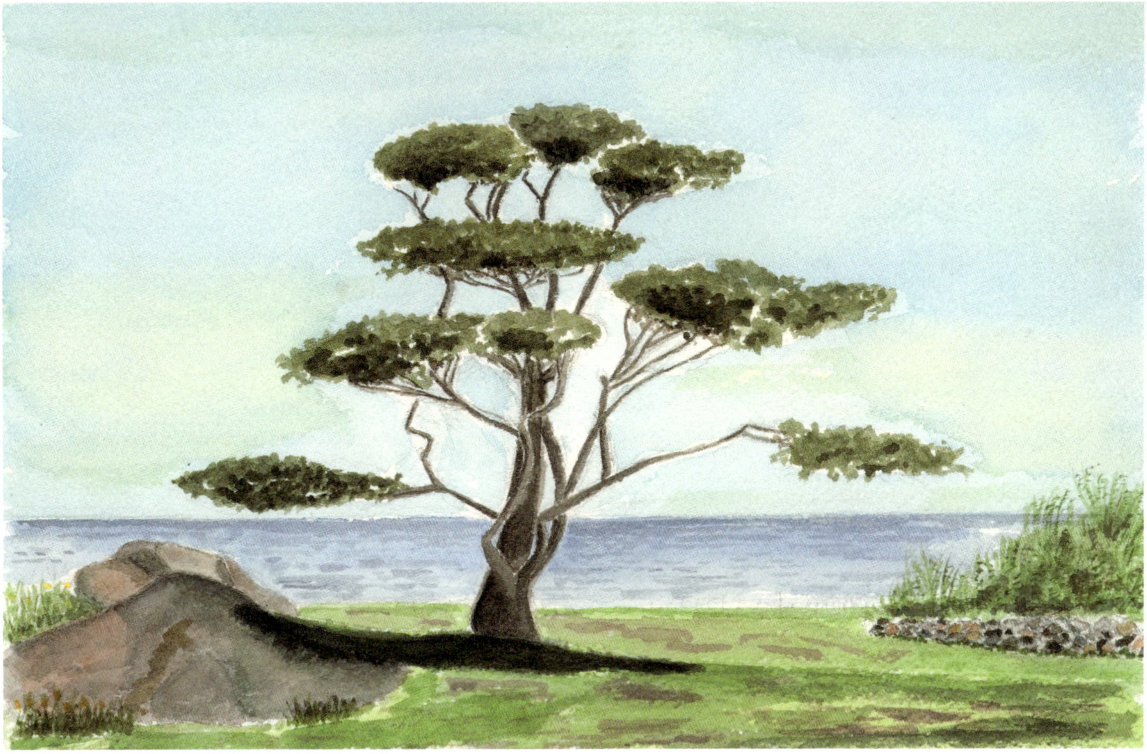

Sculpted tree by the St. Lawrence River, Métis-sur-Mer, Québec
Arbre sculpté près de la rivière, Métis-sur-Mer, Québec

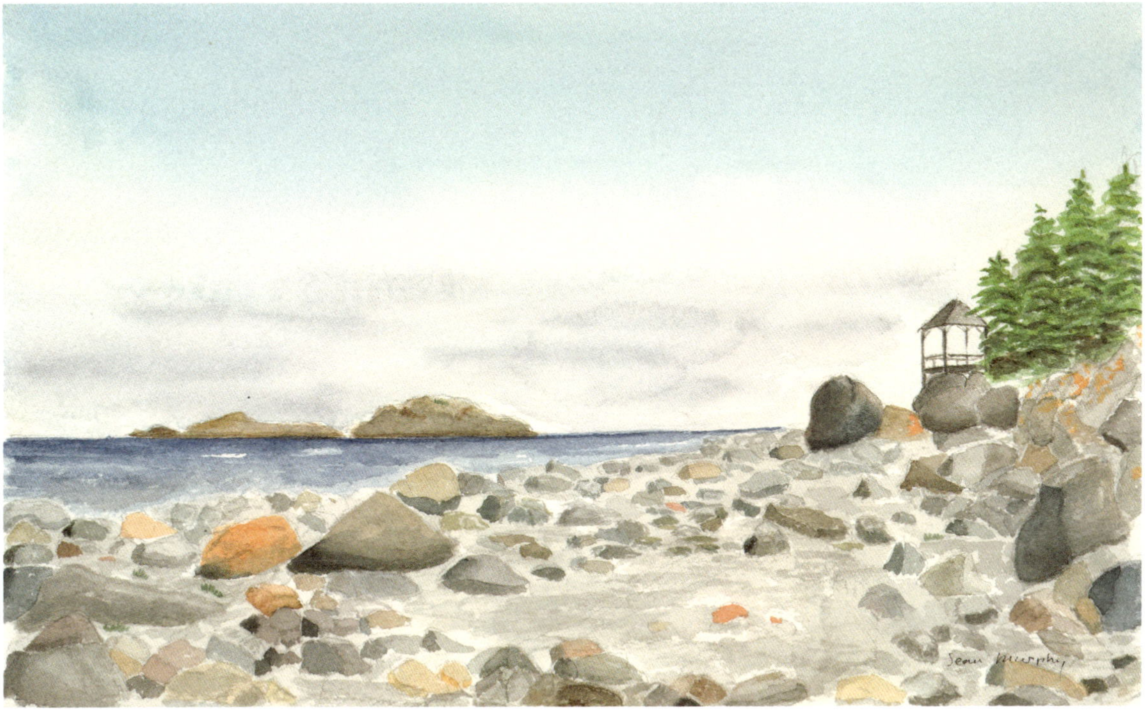

Rocky Beach, Métis-sur-Mer, Québec / Plage aux rochers, Métis-sur-Mer, Québec

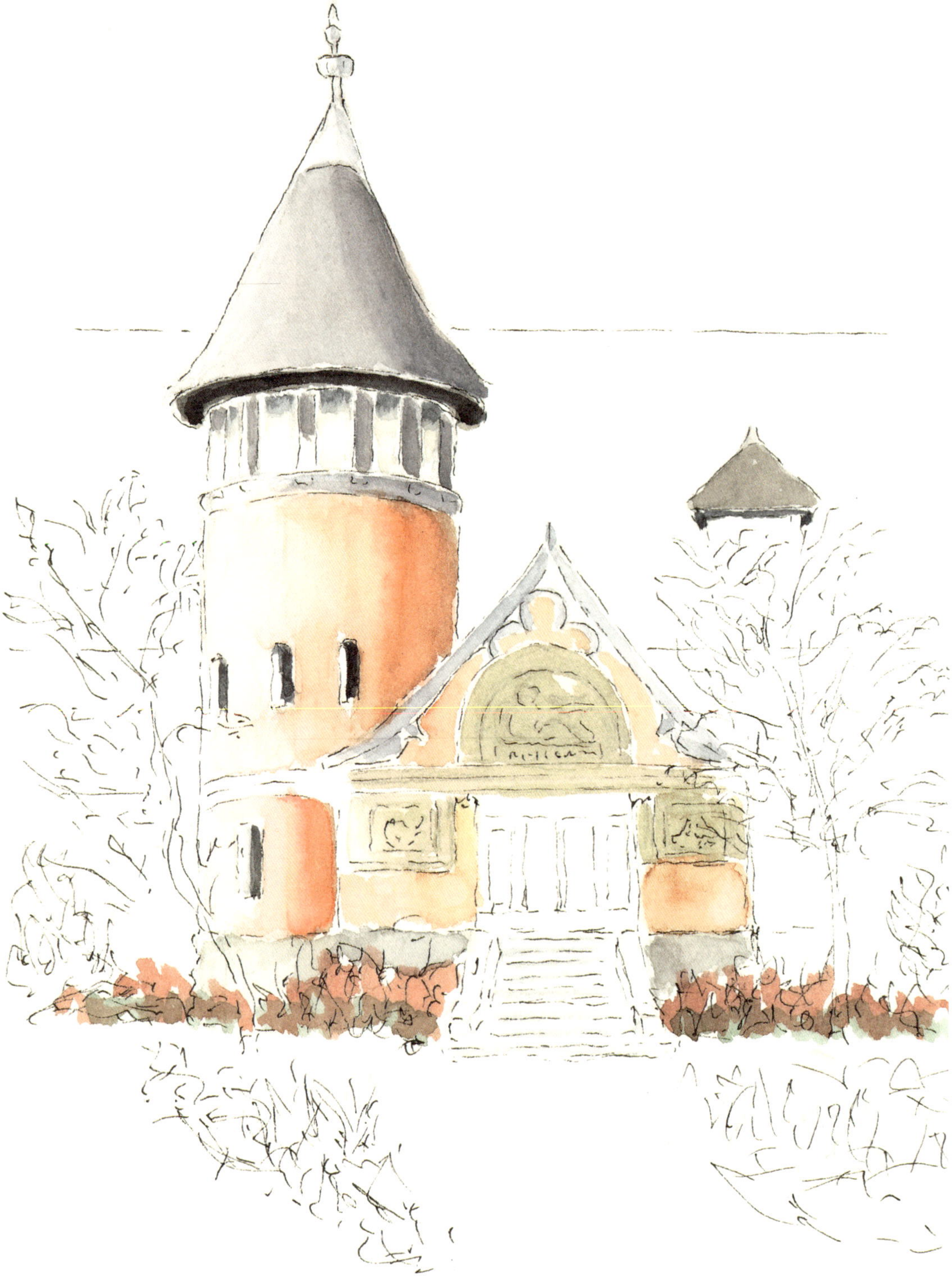

Westmount Public Library, Westmount, Québec

An imposing turret dominates the library. It is spring; the fine tracery of tree branches have yet to see leaves.

Bibliothèque publique de Westmount, Westmount, Québec

Une imposante tourelle domine la bibliothèque. Nous sommes au printemps : le tracé délicat des branches ne porte pas encore de feuilles.

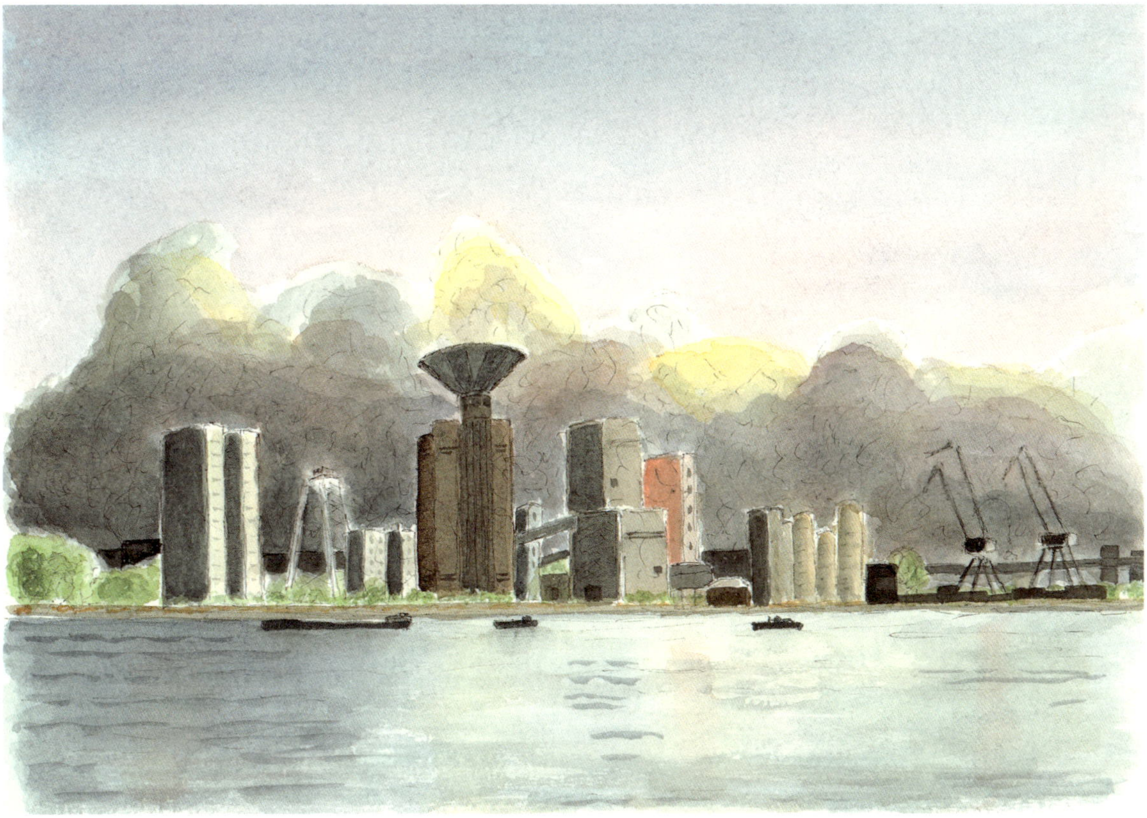

Industry on the Danube, Romania / Industrie près du Danube, Roumanie

You pack your sketch kit in your bag, grab your folding chair and head out in the early morning. It is particularly fun to go with a friend. You can each choose your spot, get lost for hours sketching, then reconvene to check each other's masterpieces. Just a slight shift of the chair one way or another and the entire scene and feeling of the land is transformed, especially as the light slowly moves from east to west, drastically changing shapes and hues and intensities of colour.

Saint-Laurent, et par les collines et vallées des environs de Sutton, au Québec.

À la peinture en plein air s'ajoute l'expérience d'être à l'extérieur, dans la nature, ce qui est sûr de fortifier l'âme. Il suffit de mettre sa trousse à dessin dans son sac, de prendre sa chaise pliante et de partir de bon matin. C'est particulièrement agréable de partir avec un ou une ami-e. Chacun choisit son coin et passe plusieurs heures à dessiner, pour ensuite se retrouver et apprécier le chef-d'œuvre de l'autre. En déplaçant légèrement sa chaise dans une direction ou dans l'autre, c'est la scène entière et la perception du paysage qui se transforment, surtout pendant que la lumière passe lentement de l'orient au couchant, et modifie radicalement les formes, les teintes et l'intensité des couleurs.

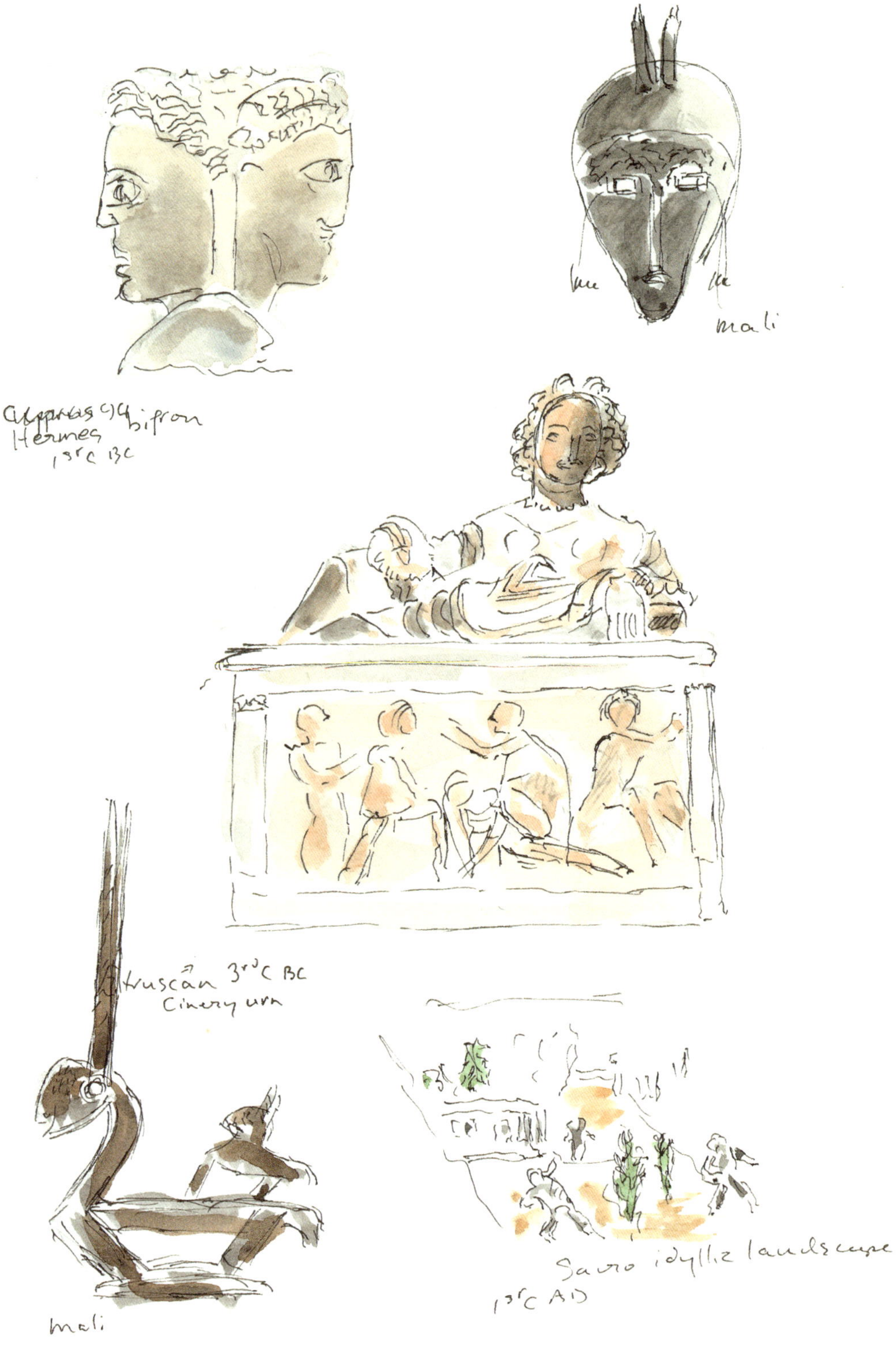

Sketchbook page, Antique and African art, Montréal Museum of Fine Arts
Page de carnet à dessins, Art gréco-romain et africain, Musée des beaux-arts de Montréal

As a person who has spent many hours in museums, both looking and sketching, I encourage you to enter those doors. Once you develop a working knowledge of a museum's collections, you start to feel very much at home. Museum drawing has a great advantage in that you can return as often as you wish. If you live in an area with a cold winter, it provides a comfortable place to draw. Some museums have policies about what areas you can draw in and even what mediums you can use in the galleries. Be sure to enquire so you don't break any rules.

Many museums also offer organized drawing sessions with an instructor but you can just as enjoyably go alone or with a friend.

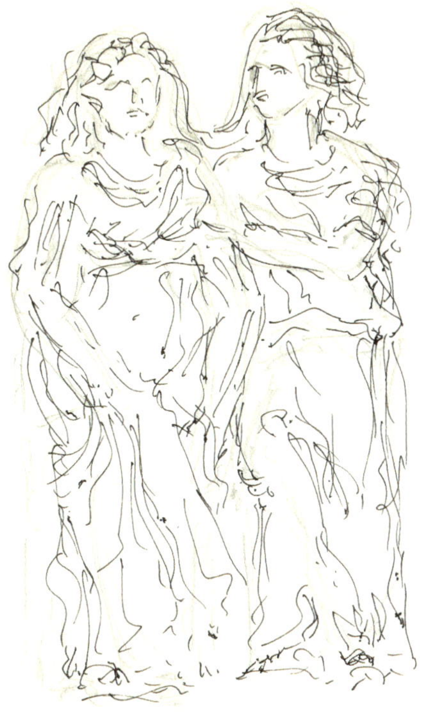

Sketchbook page: line drawing after Jacques Sarazin (1634), Montréal Museum of Fine Arts
Page de carnet à dessins : dessin au trait d'après Jacques Sarazin (1634), Musée des beaux-arts de Montréal

J'ai passé de nombreuses heures dans les musées, à regarder et à dessiner, et je vous encourage à franchir leurs portes. Une fois familiarisés avec leurs collections, vous vous y sentirez très à l'aise. L'avantage du dessin au musée, c'est que l'on peut y retourner autant de fois que l'on veut. C'est un lieu confortable pour aller dessiner pendant les rigueurs de l'hiver. Certains musées ont une politique au sujet des parties de l'édifice où l'on peut dessiner, ou même à propos des médiums que l'on peut utiliser dans les salles. Informez-vous, afin de ne pas enfreindre le règlement.

Plusieurs musées organisent également des sessions de dessin avec un-e professeur-e, mais on peut tout aussi bien y aller seul-e, ou avec un-e ami-e.

L'idée de copier d'autres œuvres d'art, ou celles des grands maîtres, comme moyen d'*apprentissage*, est tantôt en vogue, et tantôt désuète. On donne comme raison qu'il faut exprimer sa propre créativité, plutôt que de copier celle d'un-e autre. Je suis en désaccord, et je ne suis pas le seul. L'idée d'apprendre avec les maîtres remonte aussi loin que Pline. John Ruskin incitait ses étudiants à copier les maîtres, comme moyen valable et utile d'apprendre à dessiner ou à peindre. Plus près de nous, le peintre canadien Alex Colville m'a un jour conseillé d'examiner les œuvres d'art dans les grands musées, et de les dessiner. Il m'a averti : « Vous devez choisir des œuvres que vous aimez. »

Le dessin au musée présente plus d'un avantage. Premièrement, c'est en soi un grand plaisir que de côtoyer des chefs-d'œuvres. Deuxièmement, vous apprécierez différemment ces œuvres marquantes, maintenant que vous dessinez aussi. Car en tentant de dessiner ou de copier leurs formes et leurs contours, vous saisirez souvent mieux leur façon de voir, leur vision du monde ou leur culture, et même leur imagination. Pour ma part, je n'essaie pas vraiment de copier d'autres peintures d'une manière précise ou très détaillée. En général, j'essaie d'en retirer une impression artistique plus globale, en portant attention à la composition, au choix des couleurs, etc.

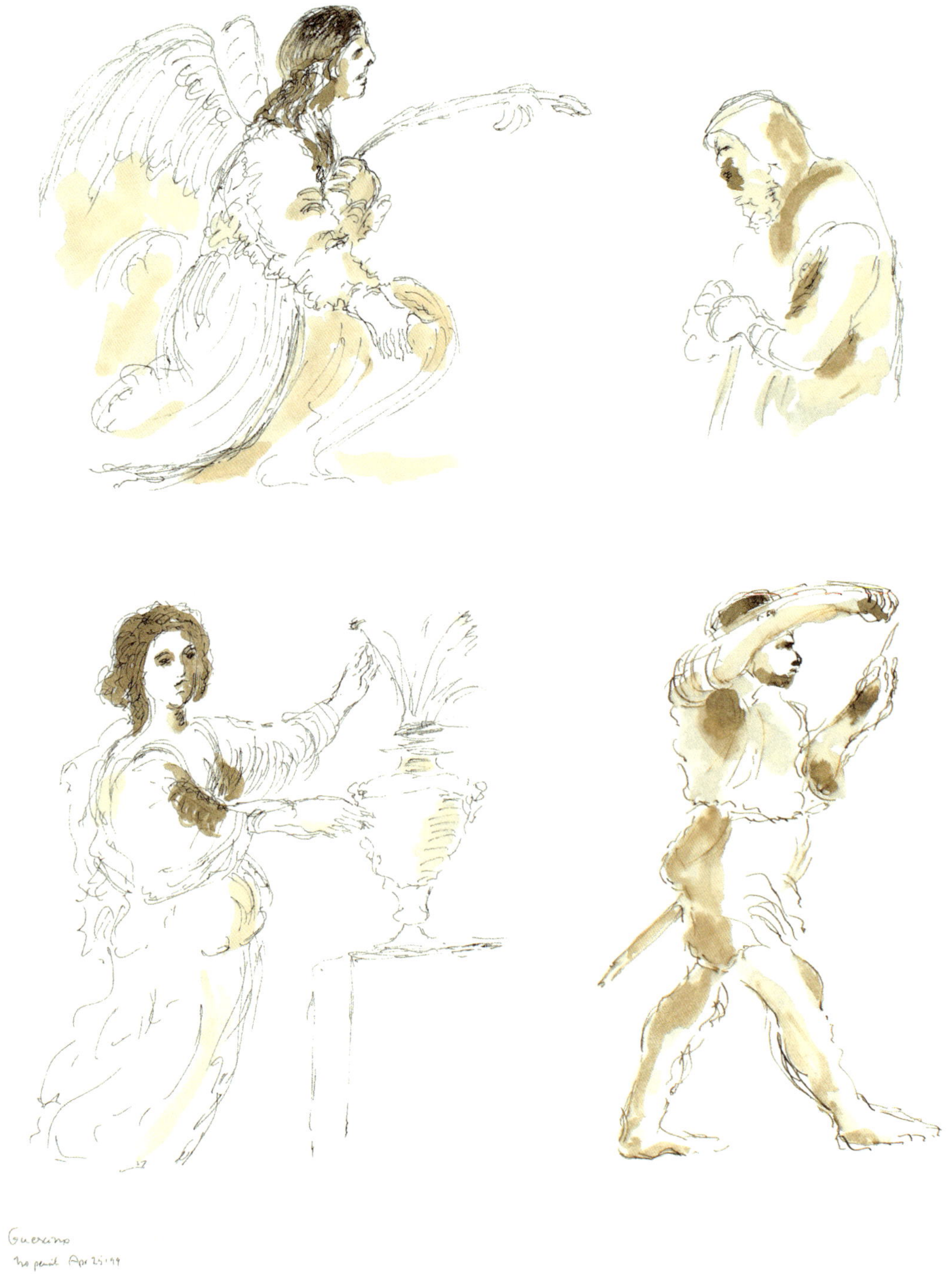

After Il Guercino, Italian artist, 17th century / D'après Le Guerchin, artiste italien du XVIIe siècle

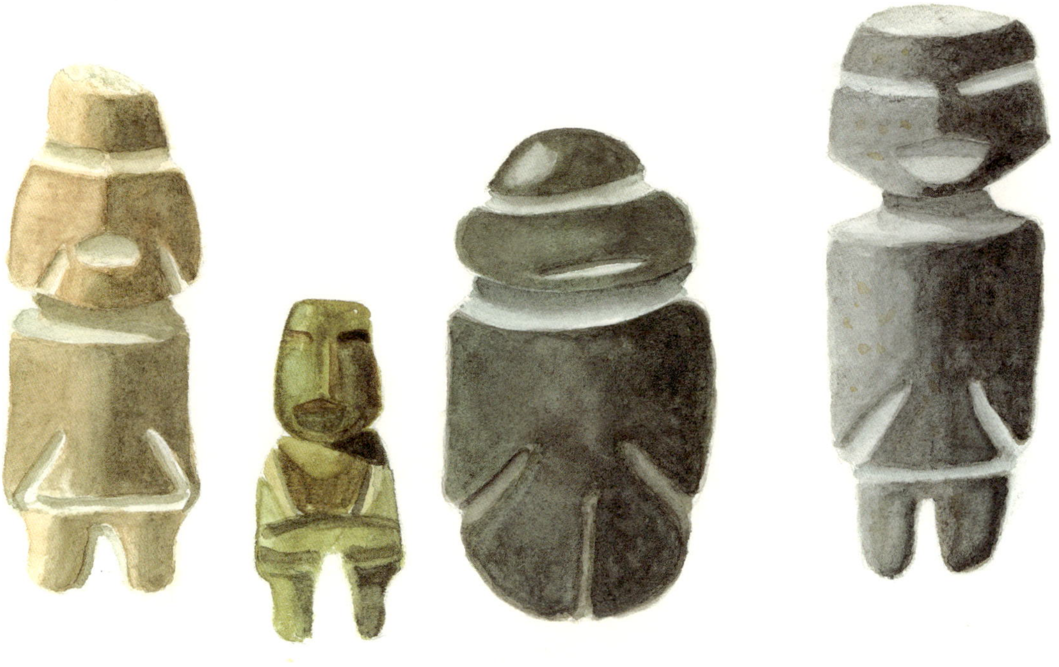

Sketch of Mezcala figures, Guerrero, Mexico / Croquis de figurines mezcala, Guerrero, Mexique

The idea of copying other art or the works of the great masters as a way of *learning*, moves in and out of fashion, the rationale against it being that one should express one's own creativity rather than copy another's. However, I disagree, and I am in good company. Learning from the masters goes as far back as Pliny the Elder in the first century AD. John Ruskin encouraged his students to copy the masters as a legitimate and helpful way to learn to draw or paint. And, in a more contemporary context, Alex Colville once advised me to look at art in the great museums and draw. But he warned, "You must like the work."

Sketching in a museum offers many dividends. If nothing else, you spend time with masterpieces of art, in itself a delight. Second, you appreciate these great works of art in new ways now that you yourself draw. In attempting to sketch or copy their forms and outlines, you often grasp more deeply the artist's way of seeing, their worldview or culture, even their imagination. For myself,

Troisièmement, j'ai trouvé que les œuvres des musées m'aident parfois à résoudre des questions qui surviennent dans mon propre travail de création. Un jour, je m'efforçais de rendre une certaine qualité de lumière sur la neige, en même temps qu'un sentiment affectif d'isolement dans le paysage. Je me trouvais à passer devant une peinture de Jacques de Tonnancour, dans laquelle cet état d'âme était justement suggéré par des nuances colorées que je n'aurais jamais songé à utiliser. Je me suis ensuite passionné pour les œuvres de Jean-Paul Lemieux, un autre grand peintre québécois reconnu précisément pour le sentiment profond de silence et de solitude qui habite ses scènes d'hiver. Ainsi, à mesure que l'on dessine et que l'on peint, on développe une curiosité croissante pour les solutions des autres artistes à des problèmes de composition, d'espace, de couleur, etc.

I don't actually try to copy other paintings accurately or in great detail. More often I try to learn from these different artists in a broader artistic sense, paying attention to the way they composed the picture or their particular choice of colour.

Third, I have found that works in museums can sometimes help resolve issues I'm dealing with in my own art. Once I was struggling to capture a certain quality of light on snow as well as an emotional sense of isolation in the land. I happened to pass by a Jacques de Tonnancour in which precisely this mood was rendered in nuances of colour I would never have thought to use. I then became fascinated with the works of Jean-Paul Lemieux – another great Québec painter – known precisely for the deep sense of silence and loneliness that haunts his winter scenes. Thus, as you draw and paint, you gain increasing curiosity about how other artists resolve problems of composition, space and colour.

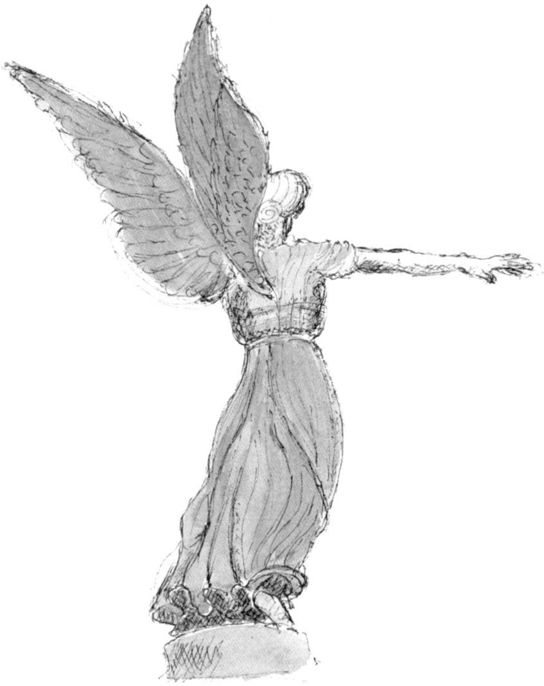

War Memorial, Westmount, Québec
Monument aux morts, Westmount, Québec

Four red domes, village near Mitla
I was on an early morning bus when, through the window, I suddenly spotted four red domes; I could hardly contain my enthusiasm to sketch right away. The bus driver, however, had other ideas and parked a quarter mile further on. Determined not to let the opportunity escape, I hurried back with this result.

Quatre dômes rouges dans un village près de Mitla
J'étais dans l'autobus, tôt le matin, lorsque j'ai soudainement aperçu ces quatre dômes rouges par la fenêtre; je pouvais à peine retenir mon enthousiasme et j'ai aussitôt commencé à dessiner. Le chauffeur de l'autobus voyait toutefois les choses autrement, et il a garé son véhicule 500 mètres plus loin. Bien décidé à ne pas laisser passer cette occasion, je me suis hâté de revenir avec ce résultat.

The majority of drawings and small watercolours in this book were done while travelling. Sketching 'on the road' is one of my greatest joys and one of the initial motivations for wanting to learn to draw.

Capturing the sights and scenes of other countries and cultures with pencil or pen has allowed me to more acutely appreciate their unique qualities. Moreover, places I've drawn can be recalled with all my senses, as if, by observing them closely, they are etched more deeply in my memory. There is a fullness and roundness to the memory; they seem to carry more meaning than rapidly taken digital photographs. Photographs have their place in reminding you of specific colours or qualities of light. But a sketch captures something different: your direct and deeply felt interpretation of what you've seen.

Every travel sketcher has their favourite subject; I have a particular fondness for churches. I'm lured by the intricate detail of their sculpted façades, by the way the history and aesthetics of the era are reflected in the architecture. Their

La plupart des dessins et des aquarelles de petit format qui figurent dans ce livre ont été produits lors de voyages. Les croquis « sur la route » représentent un de mes plus grands plaisirs, et l'une des motivations de départ dans mon désir d'apprendre à dessiner.

En reproduisant les paysages des autres pays et cultures, au crayon ou à l'encre, j'ai pu apprécier plus pleinement leurs qualités uniques. Par surcroît, je me souviens des lieux que j'ai dessinés par le biais de tous les sens, comme s'ils étaient gravés plus profondément dans ma mémoire, pour les avoir observés de près. Leur souvenir est riche et sonore; les dessins semblent avoir plus de signification que des photographies numériques prises à la hâte. Les photographies sont utiles pour se rappeler des couleurs précises ou des qualités de lumière particulières. Mais un croquis traduit quelque chose d'autre : une interprétation directe et profondément sentie de ce qu'on aura vu.

En voyage, chaque personne qui dessine a son sujet favori; j'aime particulièrement les églises. Je suis séduit par les détails complexes de leurs

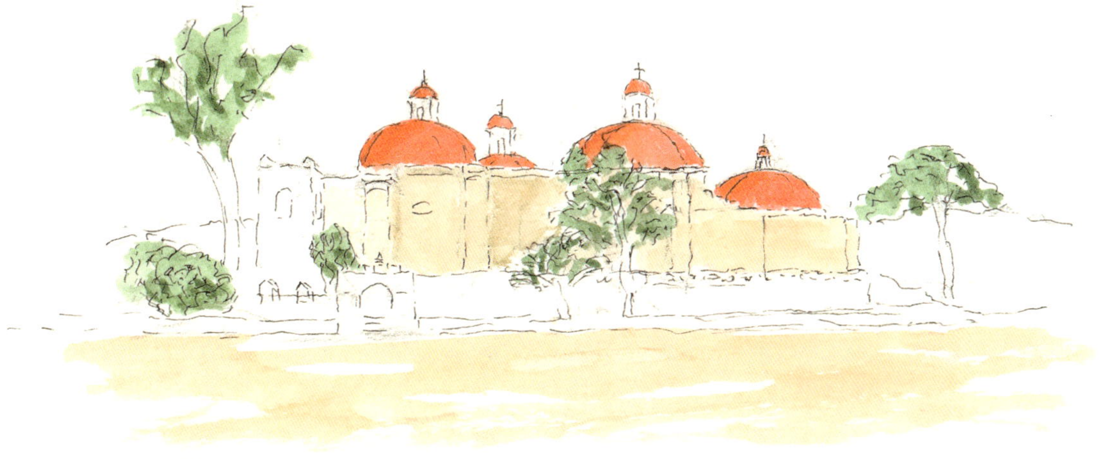

interiors emanate a soothing calm and sense of spirituality that I find particularly inspiring. Moreover, a few minutes sitting quietly in an old cathedral can quickly re-energize you after a morning spent sketching outdoors.

My sketchbook is my constant travelling companion. Usually if visiting a city on business, I try to add a few days at the end solely for sketching. I come prepared with several sizes of sketchbook though my preference is a six-by-eight inch format, with paper capable of handling watercolour. Then a few pencils, pens and two or three brushes and a watercolour box. Sometimes I travel with even less – just pencils and paper. Make sure you have all you need for the day's outing; you'll probably travel a good distance from your hotel room and there's rarely an art supply store nearby. A small folding chair can prove helpful if you're uncomfortable standing for long periods.

I rise early to make the most of the day. I also prefer working early in the morning and then again later in the afternoon as shadows and colours tend to stand out in more dramatic ways. I may set out to sketch people but end up sketching trees. I may start sketching the exterior of a building but suddenly be drawn inside. The unexpected, the accidental, keeping an open mind and being ready to seize the moment are all part of the thrill of it.

Leaning to sketch rapidly is a good idea. For instance, bus tours often make stops right in front of spectacular views. However, most tourists aren't prepared to delay departure to accommodate your urge to sketch. The driver may not mind waiting but other passengers are not likely to be amused. Conclusion: practice getting the essence of what you're drawing quickly. Then back in the bus you'll be greeted with "Let's see what you did." It's a great way to make new friends or garner appreciation for your fledgling talent.

Be prepared to be approached by onlookers. People frequently offer comments, suggestions, sometimes even compliments. Passers-by may ask you where you're from; occasionally you may discover mutual friends, half way round the world. If another artist strolls by, conversation

façades sculptées, et attiré par la manière dont l'architecture reflète l'histoire et l'esthétique d'une époque. Il flotte à l'intérieur un calme apaisant et une atmosphère spirituelle que je trouve très inspirants. De plus, le fait de s'asseoir tranquillement dans une vieille cathédrale pendant quelques minutes peut vous remettre en forme rapidement, après une matinée de croquis à l'extérieur.

Je voyage toujours avec mon carnet à dessins. Si je visite une ville par affaires, j'essaie de prolonger mon voyage de quelques jours, simplement pour pouvoir dessiner. Je me prépare en apportant des carnets de différents formats, bien que je préfère les carnets de 15 par 20 centimètres, avec du papier pour aquarelle. Je prends quelques crayons, des plumes, deux ou trois pinceaux et une boîte d'aquarelle. Parfois je voyage encore plus léger, avec seulement des crayons et du papier. Il faut s'assurer de tout avoir pour l'excursion de la journée, car il y a rarement un magasin de fournitures d'art dans les environs, et l'on se déplace souvent loin de la chambre d'hôtel. Une petite chaise pliante peut être utile si l'on est inconfortable debout pendant de longues heures.

Je me lève tôt pour profiter au maximum de la journée. Je préfère aussi travailler tôt le matin, puis vers la fin de l'après-midi, lorsque les ombres et les couleurs se détachent de façon plus spectaculaire. Parfois, je commence à dessiner des gens, puis je finis par dessiner des arbres. Il m'arrive aussi de dessiner l'extérieur d'un édifice, puis d'être soudainement attiré à l'intérieur. L'inattendu, le hasard, l'ouverture d'esprit et la disponibilité au moment présent font partie des émotions de l'expérience.

C'est une bonne idée d'apprendre à faire des croquis rapides. Par exemple, il y a souvent des arrêts devant les sites les plus spectaculaires lors des visites guidées en autocar, mais la plupart des touristes ne sont pas prêts à prolonger les étapes pour satisfaire votre envie de dessiner. Le chauffeur n'aura peut-être pas d'objection à attendre, mais cela ne plaira probablement pas aux autres passagers. Il faut donc pratiquer à rendre rapidement l'essence de la scène dessinée. De retour dans l'autocar, on vous accueillera en vous

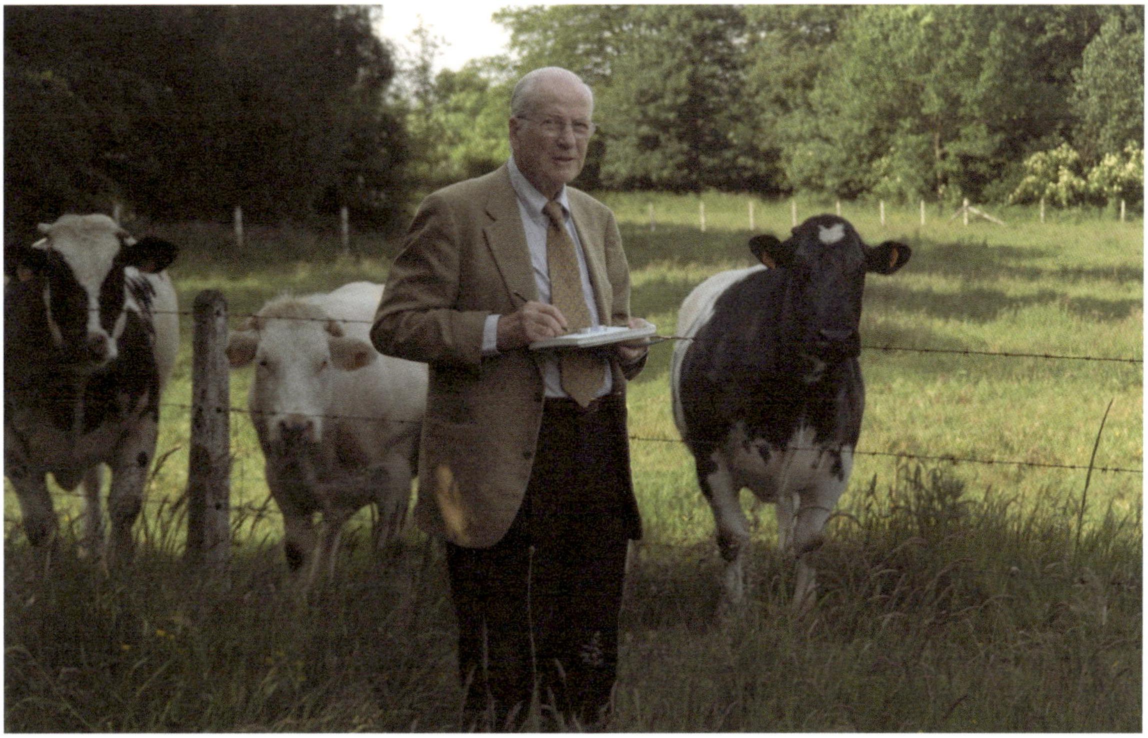

Cows in Belgium

Taking a break from a volunteer meeting in Belgium, I wandered across a nearby field and started to sketch. Fifteen minutes later I heard a rustle in the grass. I turned around to see three curious cows watching me intently. Their concentration was such that I wondered if they were artists, or maybe critics.

Vaches belges

Je prenais une pause lors d'une réunion de bénévoles en Belgique; j'ai flâné dans un champ voisin, et j'ai commencé à dessiner. Après avoir dessiné pendant quinze minutes, j'ai entendu un bruissement dans l'herbe. Je me suis retourné pour apercevoir trois vaches prises de curiosité, qui me regardaient intensément. Leur concentration était telle que je n'ai pu m'empêcher de me demander si elles étaient des artistes, ou peut-être des critiques.

may develop about technical aspects of sketching, enabling you to exchange ideas and experiences.

Once, while painting in Charlevoix, Québec, I struck up a conversation with a retired civil servant who painted day in, day out, from eight in the morning to nightfall. He slept in his van, equipped with food, sleeping bag and art supplies. "Aren't you nervous sleeping in your van at night out in the open countryside?" I asked. His reply: "I find the closest church and park beside it for the night. That way I feel safe."

While it's fun to strike up a conversation, most of the time I prefer to work alone. If you're the same, watch what you wear! Once when I was in

demandant : « On peut voir ce que vous avez dessiné ? ». C'est une bonne façon de se faire des nouveaux amis, ou de recueillir de l'appréciation pour votre talent naissant.

Préparez-vous à avoir des spectateurs ! Les gens font souvent des commentaires, des suggestions, parfois même des compliments. Les passants vous demanderont d'où vous venez; à l'occasion, vous vous découvrirez des amis communs, à l'autre bout de la planète. Si un-e autre artiste vient à passer, la conversation sur les aspects techniques du dessin vous permettra de partager idées et expériences.

Un jour, alors que je peignais dans la région de Charlevoix, au Québec, j'ai lié conversation avec

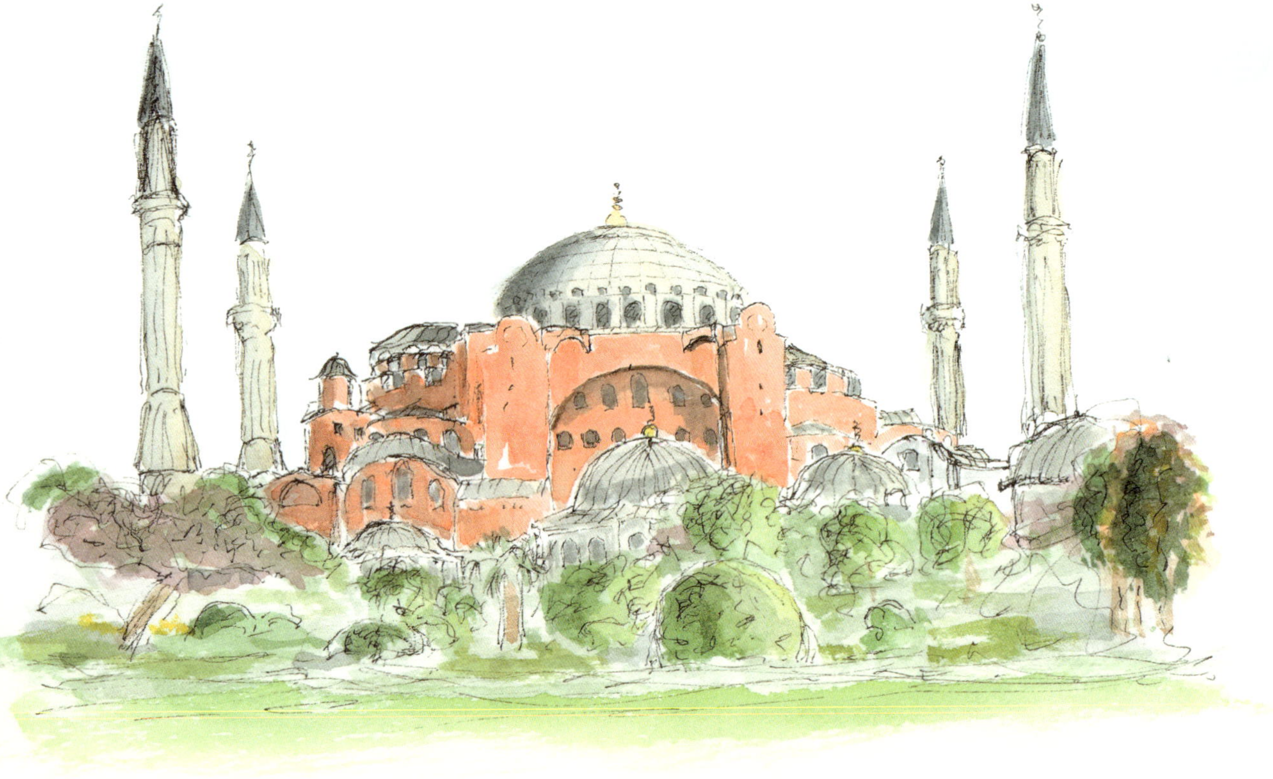

Hagia Sofia and Blue Mosque, Istanbul

Hagia Sophia (above), massive, built in the seventh century, lies at one end of a long area of grass, flowering shrubs and trees. At the other end, the more recent Blue Mosque (opposite), built a thousand years later in the seventeenth century with its multiple domes. Half-way between the two buildings several benches lie waiting for artists. This is one of the finest sketching sites I have found anywhere. An added pleasure was talking to several curious Turks who were anxious to ask me questions and explain in detail what to see in their city.

Venice, it was a beautiful sunny day. I sat on the sidewalk by the Grand Canal quietly sketching when a man set up his easel about twenty feet in front of me. He was elaborately attired in a long black cape, beret and red scarf wrapped around his neck. After fifteen minutes a large crowd thronged around him shouting all kinds of enthusiastic comments with numerous Bravo's. There I was, gladly sketching alone and unnoticed.

un fonctionnaire à la retraite qui faisait de la peinture jour après jour, du matin au soir. Il dormait dans sa camionnette, il avait avec lui de la nourriture, son sac de couchage et des fournitures d'art. « Ça ne vous inquiète pas de dormir, la nuit, en pleine campagne ? ». Il a répondu : « Je cherche l'église la plus proche et le parc avoisinant. Comme ça, je me sens en sécurité. »

Même si c'est amusant d'engager la conversation, en général je préfère travailler seul. Si vous êtes comme moi, prenez garde à ce que vous portez comme vêtements ! Une fois, j'étais à Venise. C'était une belle journée ensoleillée. J'étais assis sur le trottoir, le long du Grand Canal, en train

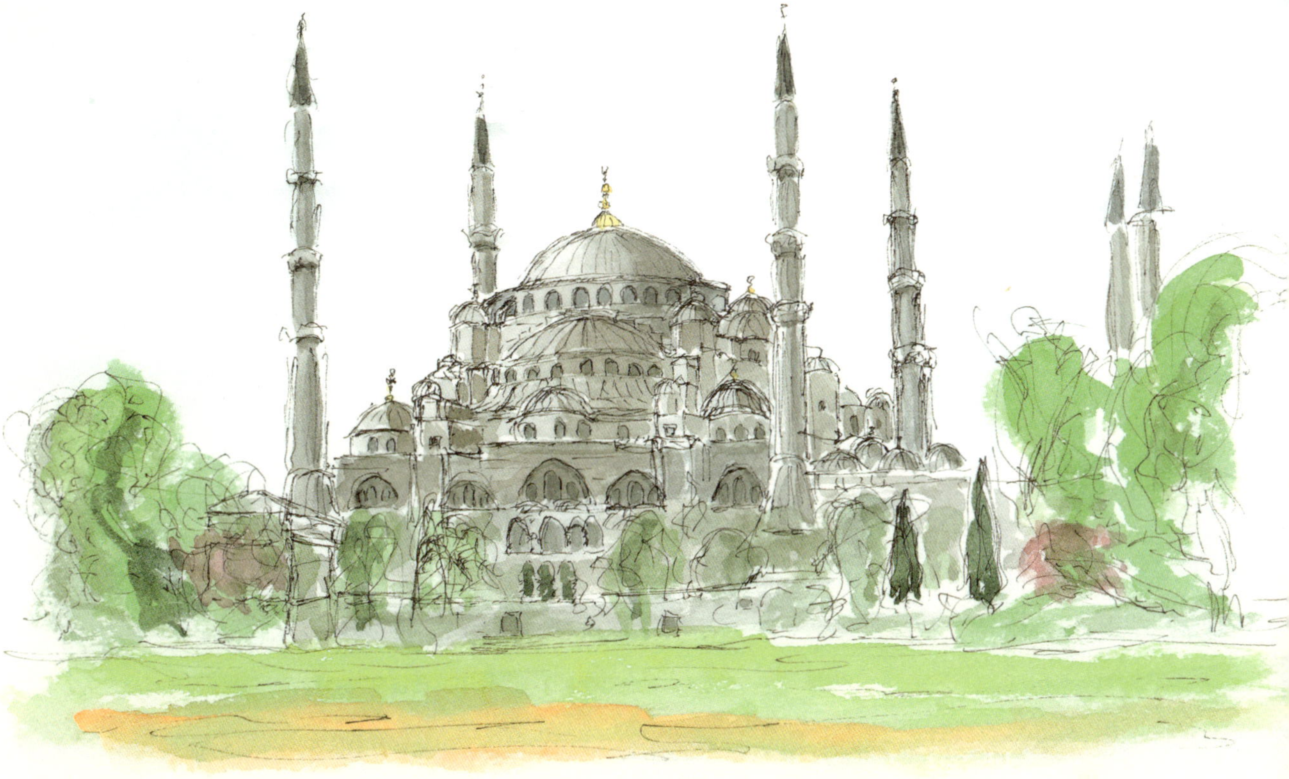

Sainte-Sophie et la Mosquée bleue, Istanbul

Sainte-Sophie (ci-contre), massive et chargée d'ans, se situe au bout d'un grand jardin gazonné, semé d'arbres et d'arbustes fleuris. À l'autre extrémité se trouve la Mosquée bleue (ci-dessus), de construction plus récente (650 apr. J.-C.), coiffée de nombreux dômes. Au milieu, entre les deux édifices, des bancs semblent attendre les artistes; c'est un des plus beaux endroits que j'ai dessinés au monde. À cela s'ajoutait le plaisir de converser avec plusieurs Turcs curieux, qui souhaitaient vivement me poser des questions et m'expliquer en détail ce qu'il fallait voir dans leur ville.

de dessiner tranquillement, lorsqu'un homme a posé son chevalet à quelques mètres devant moi. Il était paré d'une longue cape noire, coiffé d'un béret, avec une écharpe rouge autour du cou. Quinze minutes plus tard, un attroupement l'entourait et criait toutes sortes de commentaires enthousiastes, émaillés de nombreux bravos. Je me tenais là, heureux de dessiner tout seul, sans me faire remarquer.

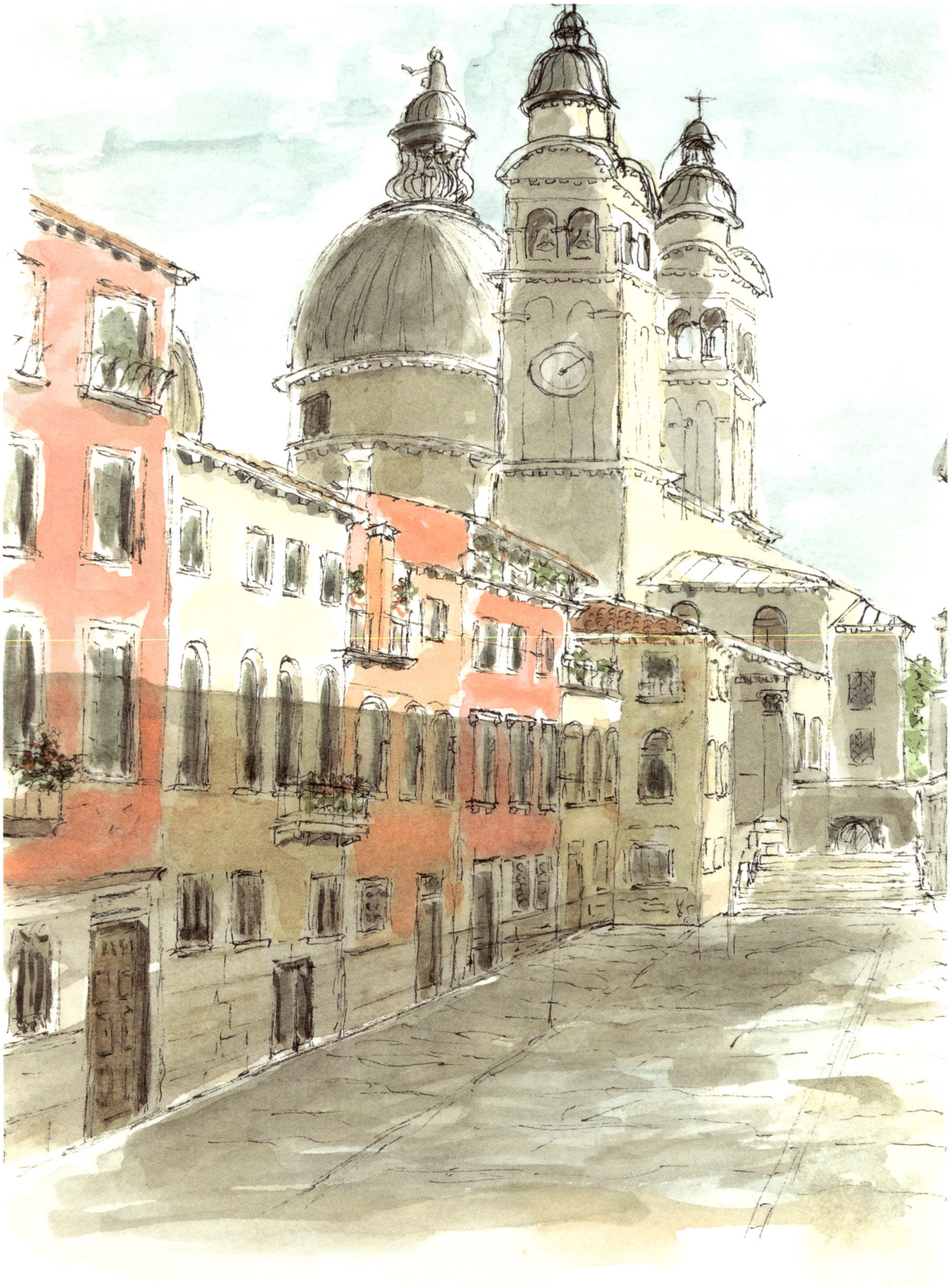

Santa Maria della Salute, Venice, back view / Santa Maria della Salute, Venise, vue arrière

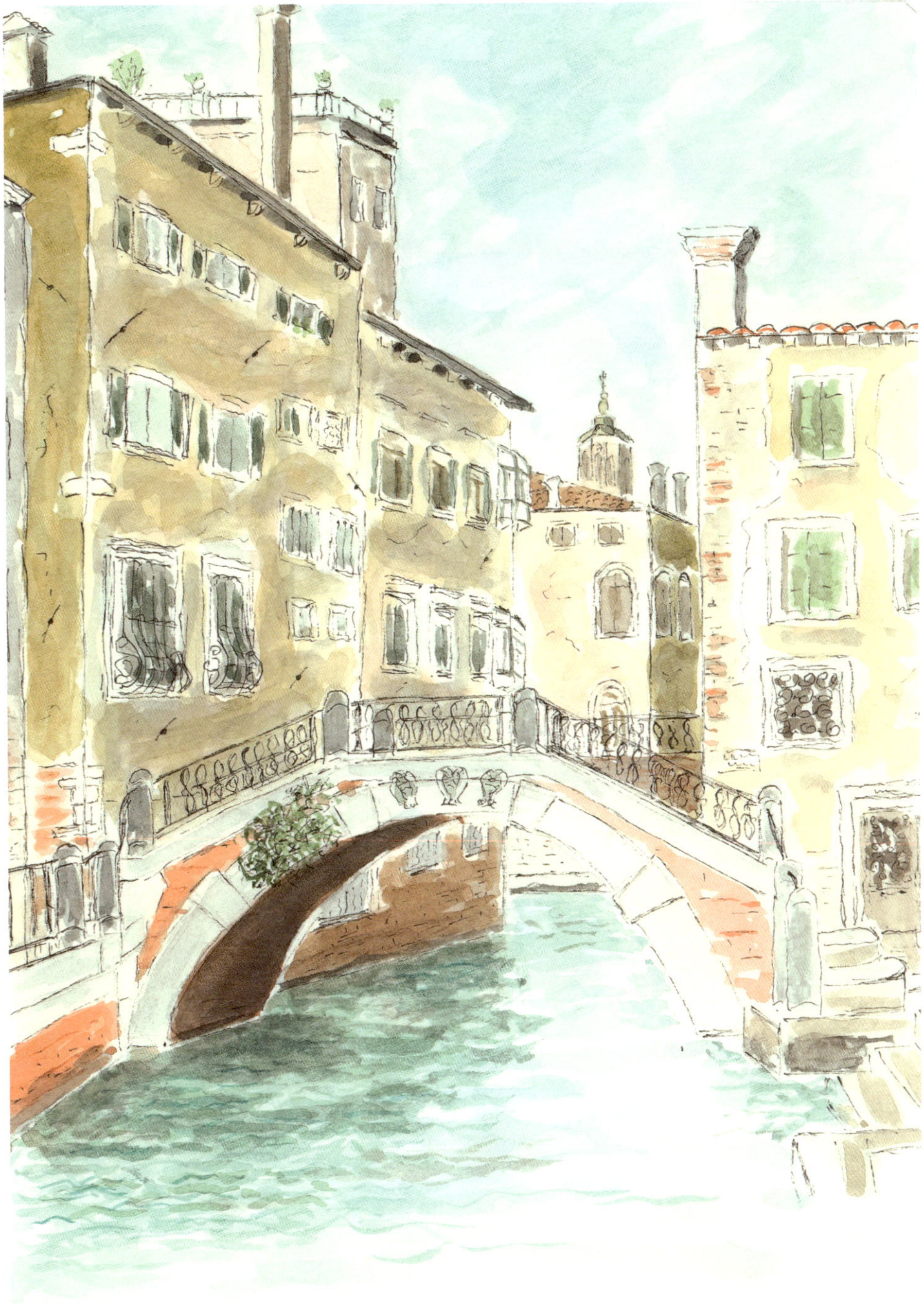

Venetian Canal

Every day I walked by the canal near my hotel and over this bridge. As I sat sketching, people strolled along the sidewalk. Others peered out of windows and, seeing me, waved with a smile. I felt welcome and a part of Venetian life.

Un canal vénitien

Chaque jour, je longeais ce canal situé près de mon hôtel, et je traversais ce pont. Tandis que je dessinais, les gens flânaient sur le trottoir. D'autres personnes regardaient par la fenêtre d'un air interrrogateur; en me voyant, ils et elles me faisaient signe de la main en souriant. J'avais l'impression d'être le bienvenu et de faire partie de la vie de Venise.

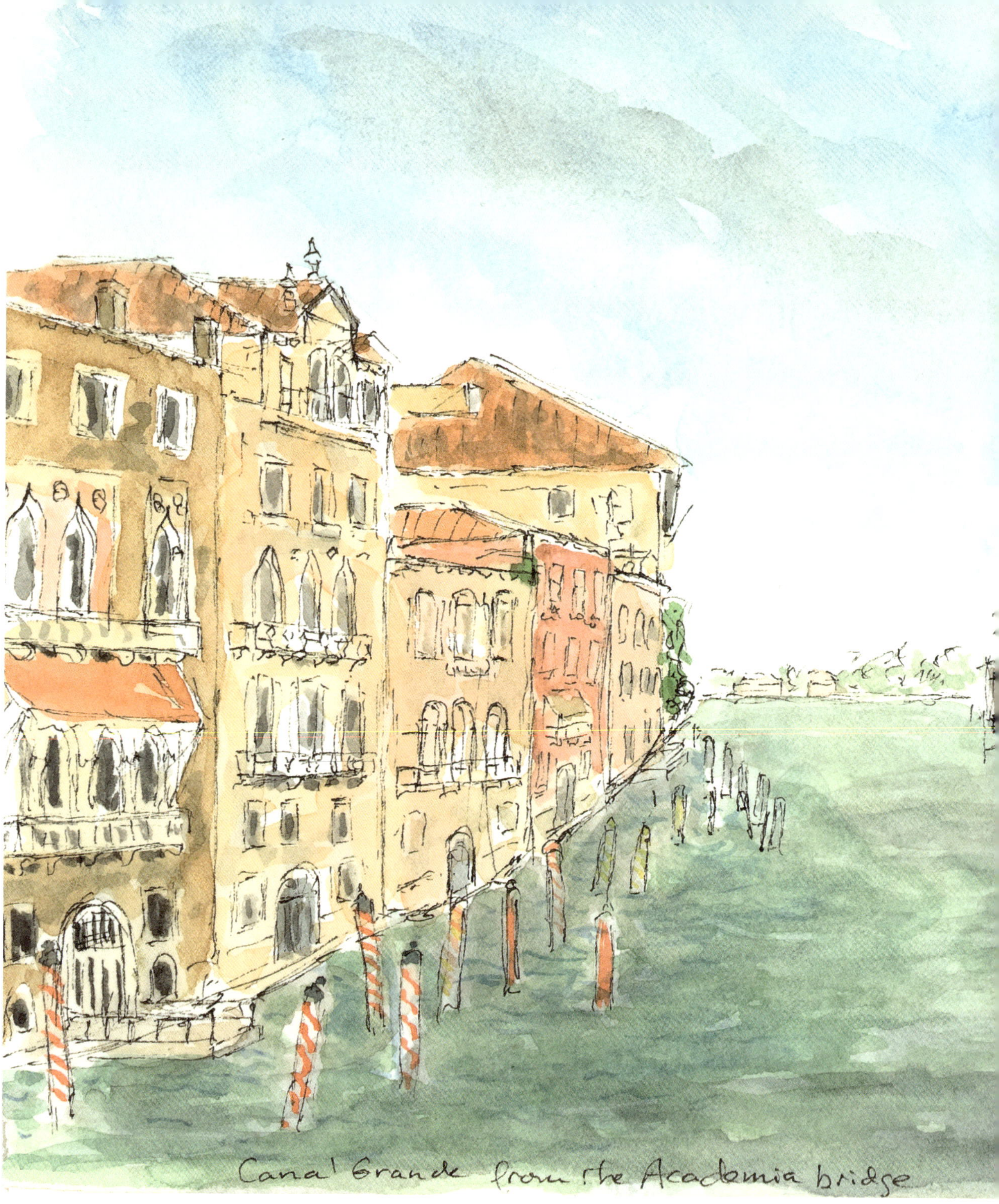

Grand Canal, Venice

What a challenge to try and draw the same unchanged view great artists such as Canaletto and Guardi have tackled over the years. I was on the Academia Bridge, spanning the Grand Canal, my legs dangling over the edge as I sat on the floorboards, sketching. Hordes of people crossing the bridge would stop to watch me. Some made comments, suggestions; others asked questions. "Oh, you are from Canada. I have an uncle in Montréal. It's a wonderful city." I have found you can get used to crowds surrounding you as you sketch but admit it takes practice.

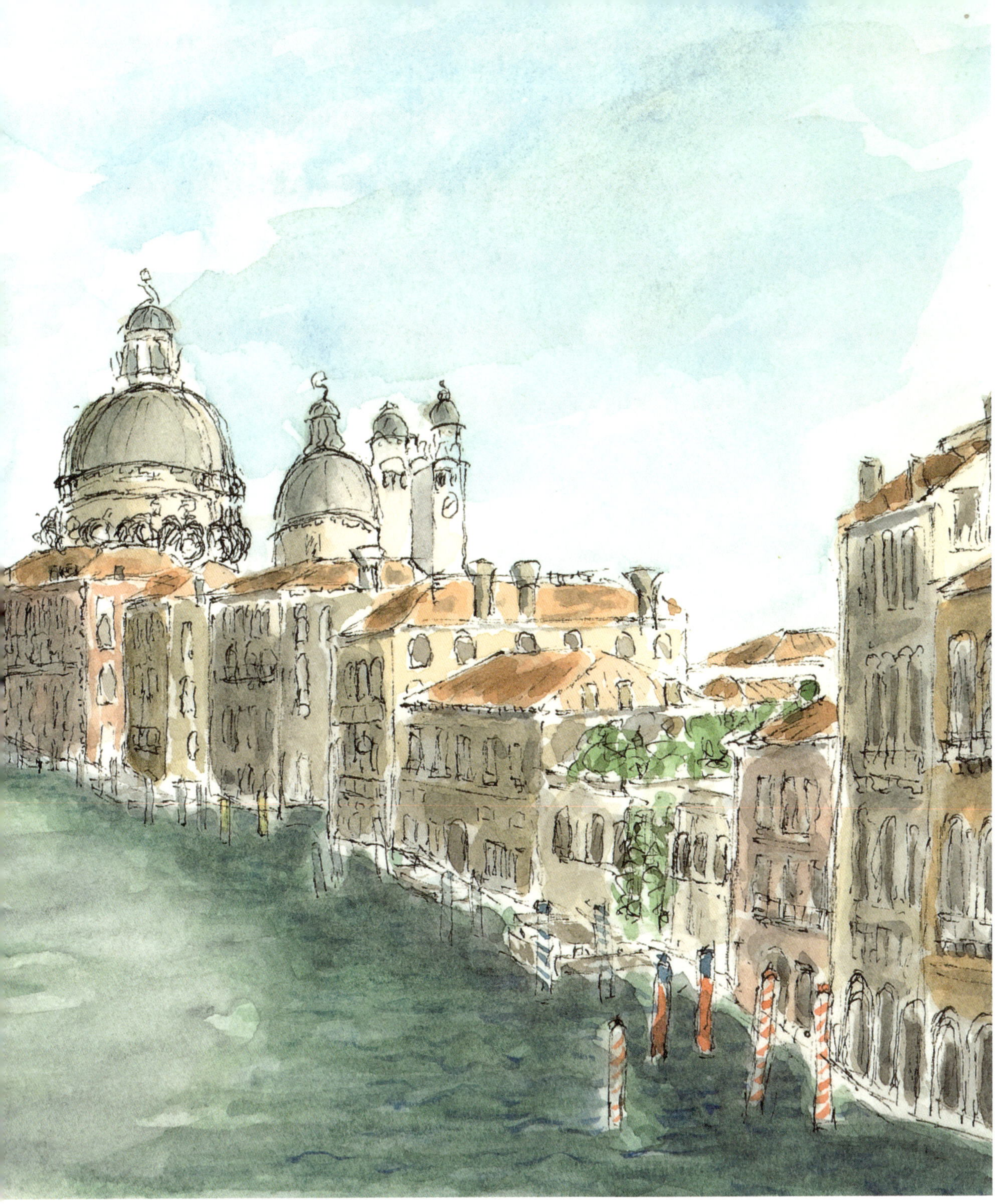

Grand Canal, Venise

C'est tout un défi que d'essayer de dessiner la même vue inchangée, à laquelle se sont attaqués de grands artistes comme Canaletto et Guardi au fil des siècles. Je me tenais sur le pont de l'Académie, qui traverse le Grand Canal, assis sur les planches du tablier en train de dessiner, les jambes pendantes au-dessus de l'eau. Des foules de gens qui passaient sur le pont s'arrêtaient pour m'observer. Certains d'entre eux faisaient des commentaires, des suggestions; d'autres posaient des questions. Quelqu'un m'a dit : « Oh, vous venez du Canada ! J'ai un oncle qui habite à Montréal. C'est une ville magnifique. » À la longue, on s'habitue à la foule qui nous entoure pendant qu'on dessine, mais je dois dire qu'il faut de l'entraînement.

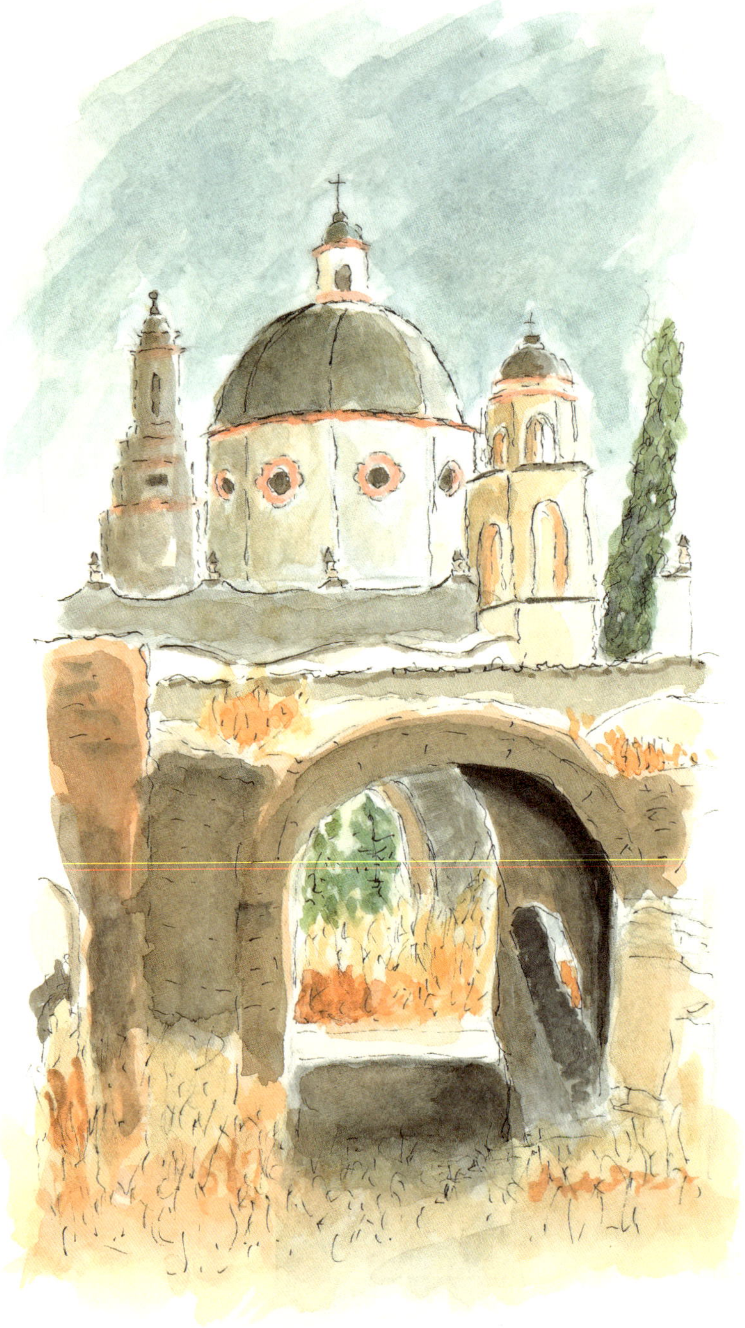

Sanctuario, Atontolico, Mexico

A Mexican friend told me not to miss a church with multiple steeples outside San Miguel de Allende. While I sketched, he photographed, both of us working in a nearby field – no easy matter where numerous cows had left their marks. Such are the hazards of sketching. Outside the church, several ruins of walls and arches and beyond them, dome and steeples. I settled down to sketch, thinking of those who had built this extraordinary church.

Sanctuaire, Atontolico, Mexique

Un ami mexicain m'a recommandé de ne pas manquer l'église aux nombreux clochers, à l'extérieur de San Miguel de Allende. Tandis que je dessinais, il prenait des photographies; nous travaillions tous les deux dans un champ voisin, ce qui n'était pas une mince affaire, puisque de nombreuses vaches y avaient laissé des traces... Cela fait partie des périls du dessin! Autour de l'église, il y avait les ruines de plusieurs murs et arches, et au-delà, le dôme et les clochers. Je me suis assis pour dessiner, en pensant à ceux qui avaient fait construire cette église extraordinaire.

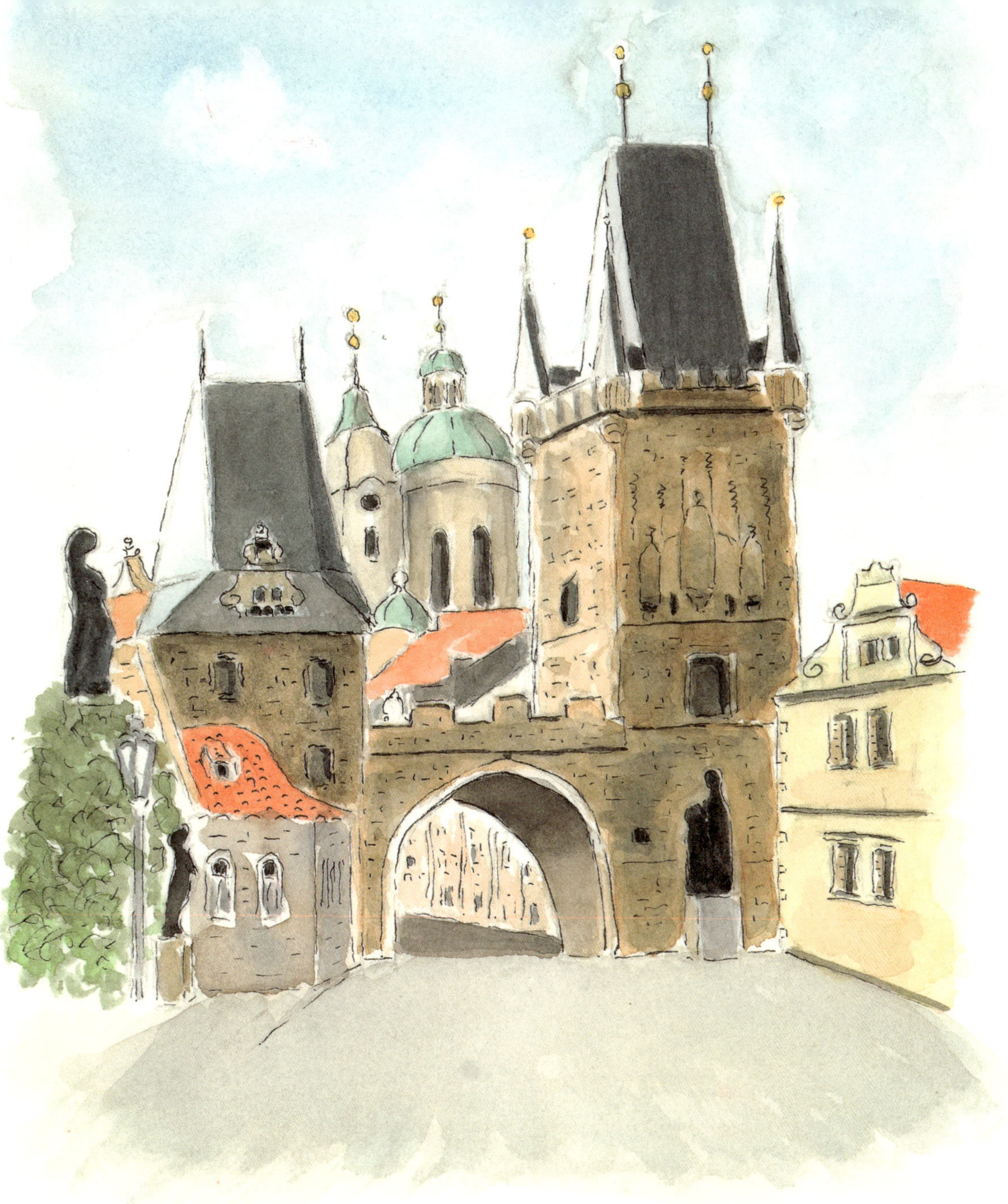

Charles Bridge, Prague

The view from the Charles Bridge, with its mixture of green domes and grey roof tops, proved irresistible. The buildings were waiting to be sketched, a real challenge as crowds were walking across the bridge.

Pont Charles, Prague

La vue depuis le pont Charles, avec le mélange des dômes verts et des toits gris, s'est avérée irrésistible. C'était comme si les édifices attendaient d'être dessinés. Ce fut un réel défi, avec la foule des piétons qui traversaient le pont.

Developing a Personal Style

Do not worry about your originality. You could not get rid of it even if you wanted to.
Robert Henri[8]

Over time, each of you will develop a distinctive way of using the language of drawing. Drawing is a deeply personal and engaging process and inevitably, with practice, it speaks of who you are. The metaphor of the journey conveys this sense of adventure and discovery. When you begin

Un style bien à vous

Ne vous inquiétez pas au sujet de votre originalité. Vous ne pourriez vous en défaire, même si vous le souhaitiez.
Robert Henri[9]

Avec le temps, chaque artiste développe une manière personnelle d'utiliser le langage du dessin. Le dessin est un processus très personnel et engageant; avec la pratique, il révèle votre personnalité. La métaphore du voyage exprime bien cette impression d'aventure et de découverte.

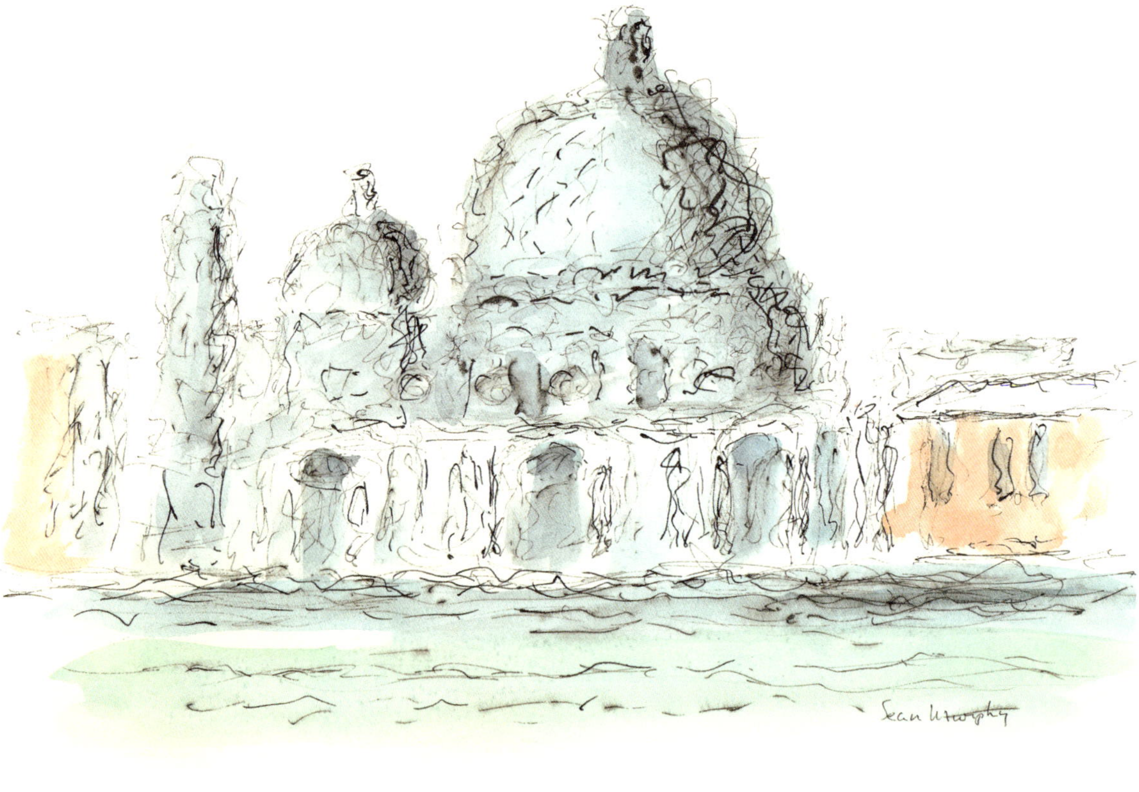

Santa Maria della Salute, Venice/Venise

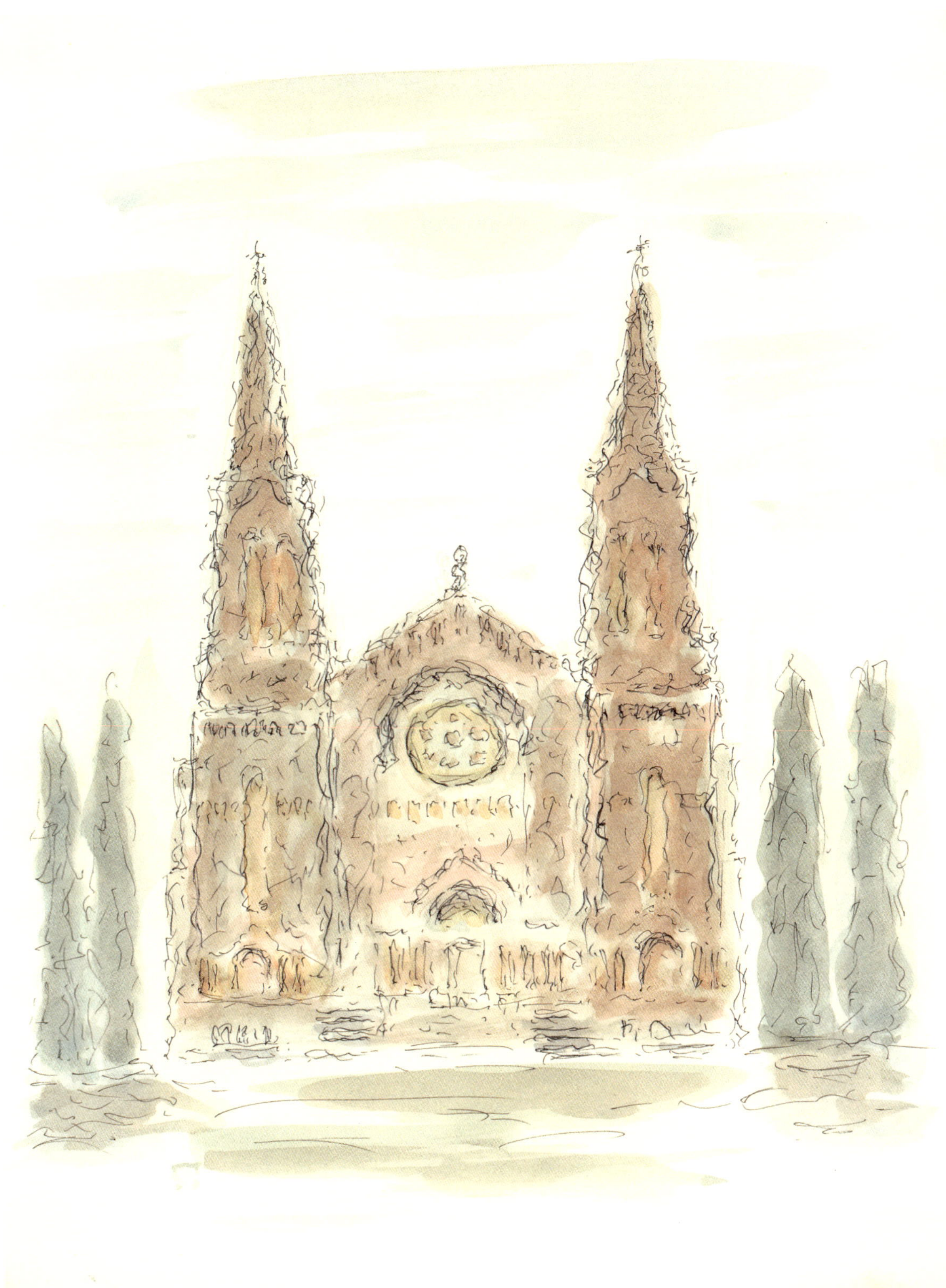

Sainte-Anne-de-Beaupré, Québec

to see your own particular style and imaginative voice emerge on paper, the journey takes on added excitement.

Drawing constantly from observation and from as varied subject matter as possible is key to developing a personal style. Thus, after a few initial courses, I simply kept at it as persistently as I could.

Earlier, I wrote of how I slowly evolved my own way of using watercolour. Drawing provides a kind of notation or structure; the watercolour enlivens the sketch. Together they create a lively visual interplay. Over time, however, I also started playing with the quality of the drawn line itself, loosening up in the way I approached the sketching of, for instance, the façade of a building. My line became more irregular, broken, even lyrical. I did several drawings in this way, letting the pencil or pen dance over the surface of the paper.

Before long, this approach carried over from the drawing of buildings to the sketching of rocks along the lower shore of the St. Lawrence River. I attempted, with a quick, staccato-like cluster of loose scribbles, to project a sense of the rocks' presence and relationship with other elements in the land.

I experimented with this loose line work for some time – pushing it to the extreme until eventually it became too uncertain and wobbly for my liking. Lately, I've retreated to a sense of line that is more structured, something that has emerged to be a personal style. It isn't easy, however, to define or analyze your own quality of line but for certain, you will each develop your distinct and recognizable mark.

Lorsqu'on voit émerger sur le papier un style personnel et une voix d'imagination, ce voyage devient palpitant.

La meilleure façon de développer un style personnel, c'est de faire constamment du dessin d'observation, et de choisir des motifs aussi variés que possible. Ainsi, après quelques cours, j'ai simplement continué à dessiner aussi régulièrement que je le pouvais.

J'ai écrit plus haut comment j'avais progressivement élaboré ma propre manière d'utiliser l'aquarelle. Le dessin procure une forme de notation ou de structure; l'aquarelle avive le croquis. Ensemble, ils créent une belle interaction visuelle. Avec le temps, par contre, j'ai commencé à jouer avec la qualité du trait lui-même, et j'ai délié mon approche du croquis de la façade d'un édifice, par exemple. Mon trait est devenu plus irrégulier, brisé, voire poétique. J'ai fait plusieurs dessins de cette manière, en laissant le crayon ou la plume danser à la surface du papier.

Bientôt, j'ai appliqué cette approche du dessin d'édifices au croquis des rochers de la rive sud du fleuve Saint-Laurent. J'ai tenté de donner une idée de la présence des rochers et de leur rapport aux autres éléments du paysage, à l'aide de groupes de traits lâches griffonnés à la hâte, de manière saccadée.

J'ai expérimenté avec ces traits lâches pendant un certain temps; je les ai poussés à l'extrême, jusqu'à ce qu'ils deviennent trop incertains et tremblants à mon goût. Dernièrement, je suis revenu à une forme de trait plus structuré, et c'est progressivement devenu mon style personnel. Toutefois, ce n'est pas facile de définir ou d'analyser la qualité de son propre trait, mais il est certain que chacun et chacune développe sa marque personnelle et reconnaissable.

Rocks, Métis-sur-Mer
These small sketches show my experimentation with a more personal interpretation of the rocks.

Rochers, Métis-sur-Mer
Ces petits croquis font partie de mes expériences d'interprétation plus personnelle des rochers.

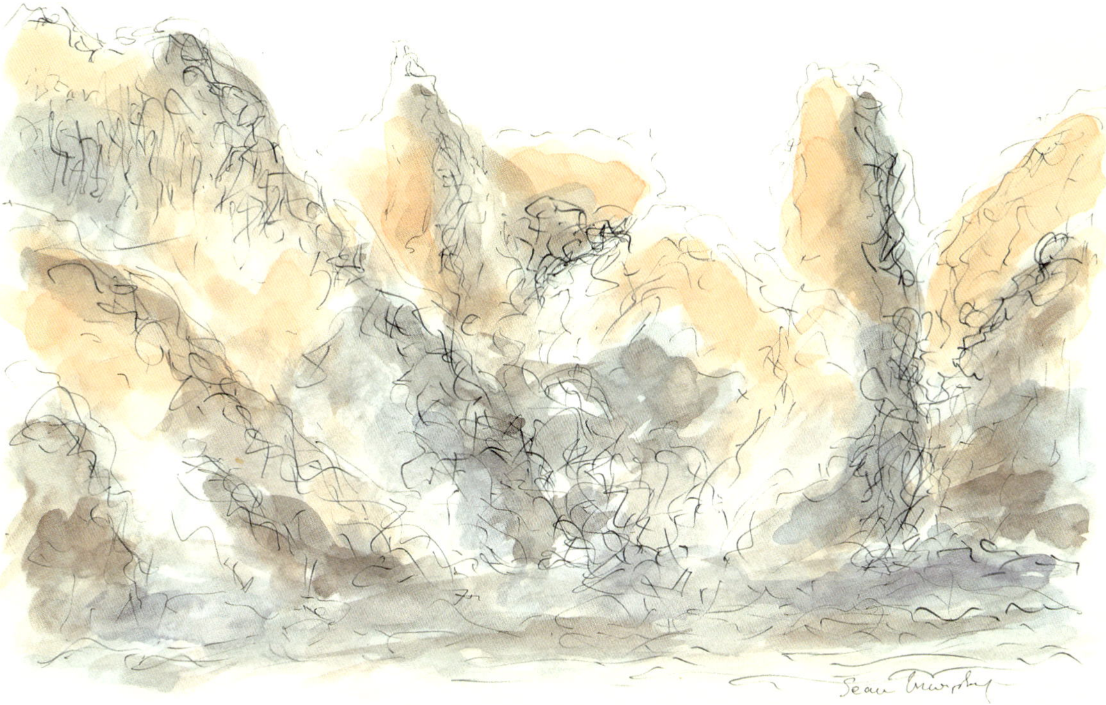

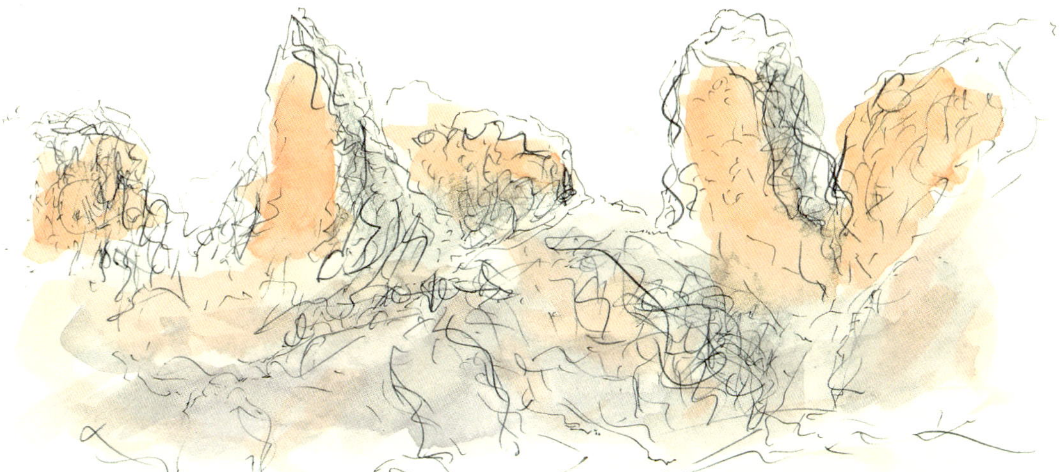

IMAGINATION

In the creative process, once you leave the safe harbour of realistic observation, you never know where things can lead. One summer day, a farmer in Métis-sur-Mer, knowing of my medical background and interest in drawing, arrived with a gift – several animal bones he'd found in his field. The bone shapes intrigued me with their intricate angular contours and folds. I did several watercolours attempting to capture the subtle shifts from white to warm greys and browns. After several sketches, I varied the forms of the bones and added colour unrelated to their actual tones and hues. Finally, I placed the bones in odd locations.

These attempts marked my entry into previously unexplored territory – drawing from imagination. I soon found myself transforming one

ŒUVRES D'IMAGINATION

Durant le processus de création, on ne sait jamais où les choses peuvent mener, du moment où l'on quitte le refuge de l'observation d'après la réalité. Un jour d'été, un fermier de Métis-sur-Mer, connaissant ma formation médicale et mon intérêt pour le dessin, s'est amené avec un cadeau : plusieurs ossements d'animaux qu'il avait trouvés dans son champ. Les formes des ossements m'intriguaient, avec leurs contours anguleux et leurs replis complexes. J'ai peint plusieurs aquarelles dans le but de reproduire leurs subtils changements de couleur, du blanc aux différentes teintes chaudes de gris et de brun. Après plusieurs croquis, j'ai modifié les formes des ossements, et j'ai ajouté des couleurs sans rapport avec leurs véritables tons et nuances. Pour finir, j'ai disposé les ossements dans des lieux insolites.

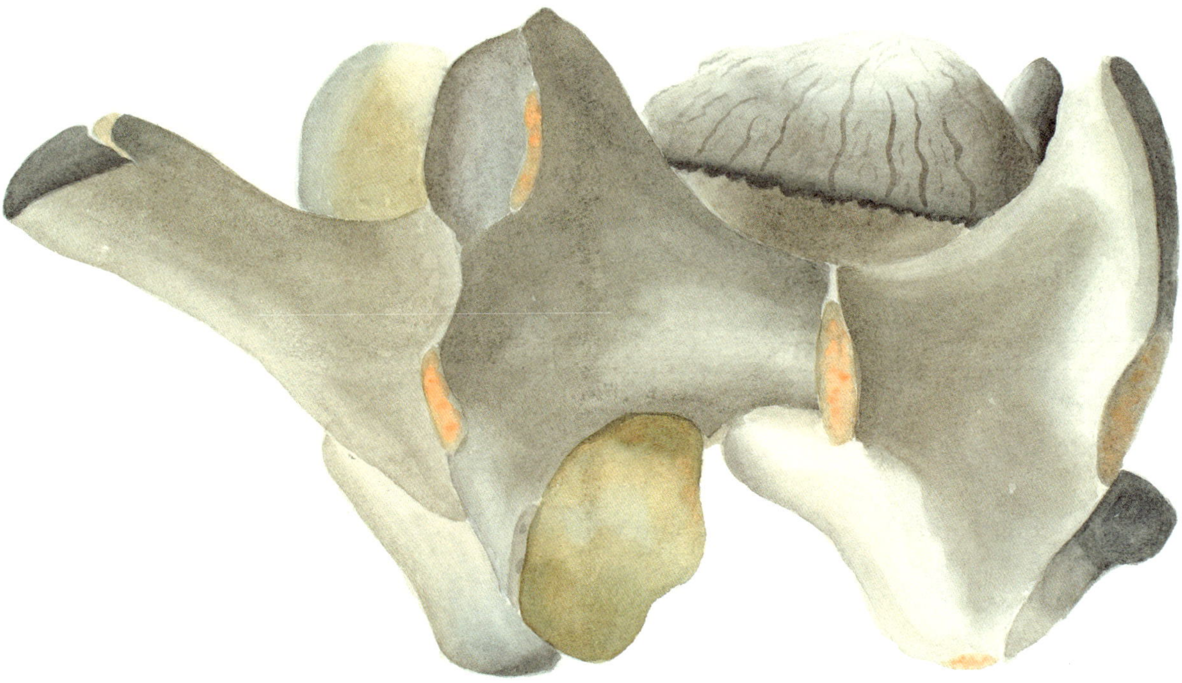

Animal Bone / Ossement d'animal

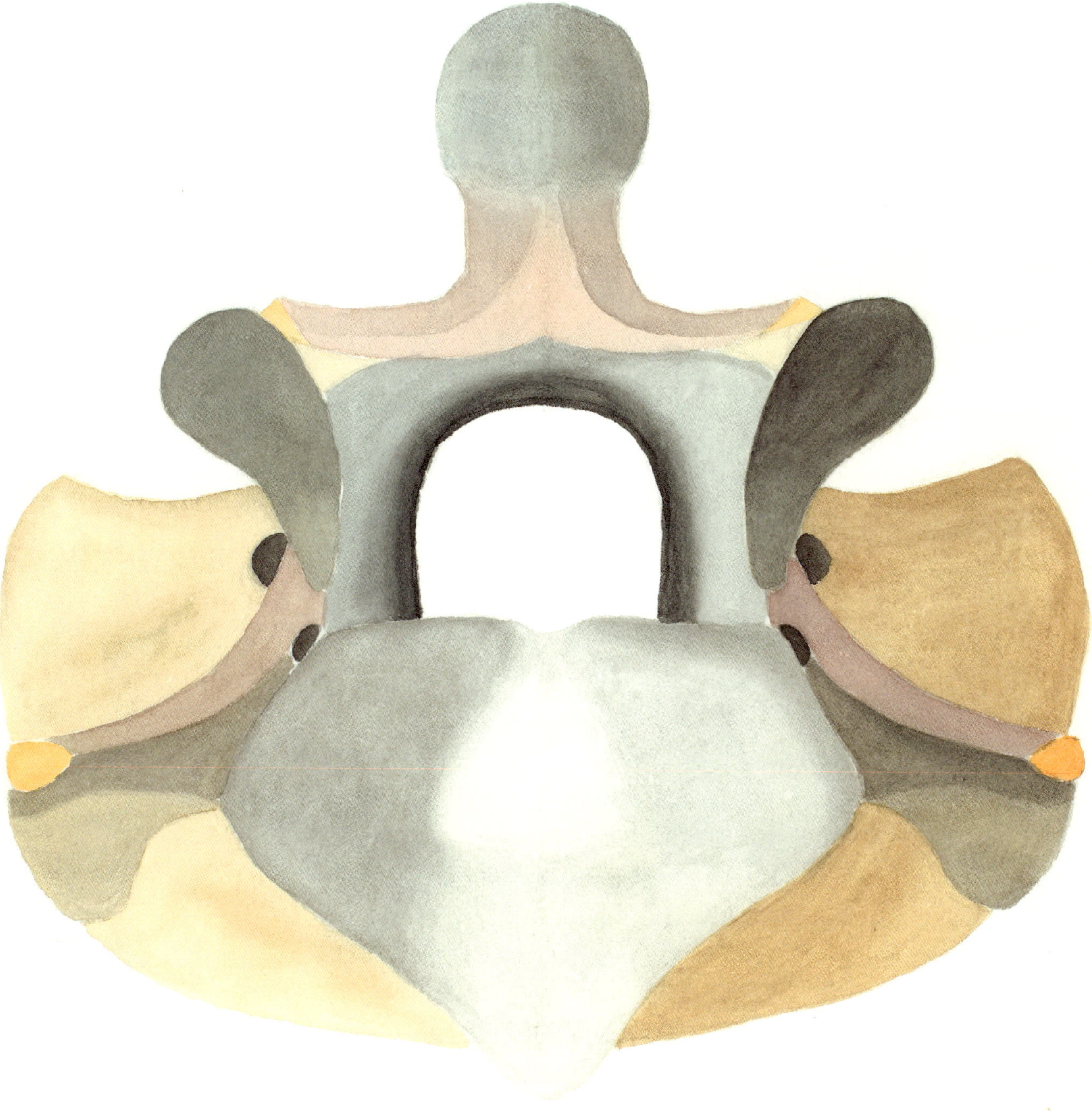

Flying Bone / Ossement volant

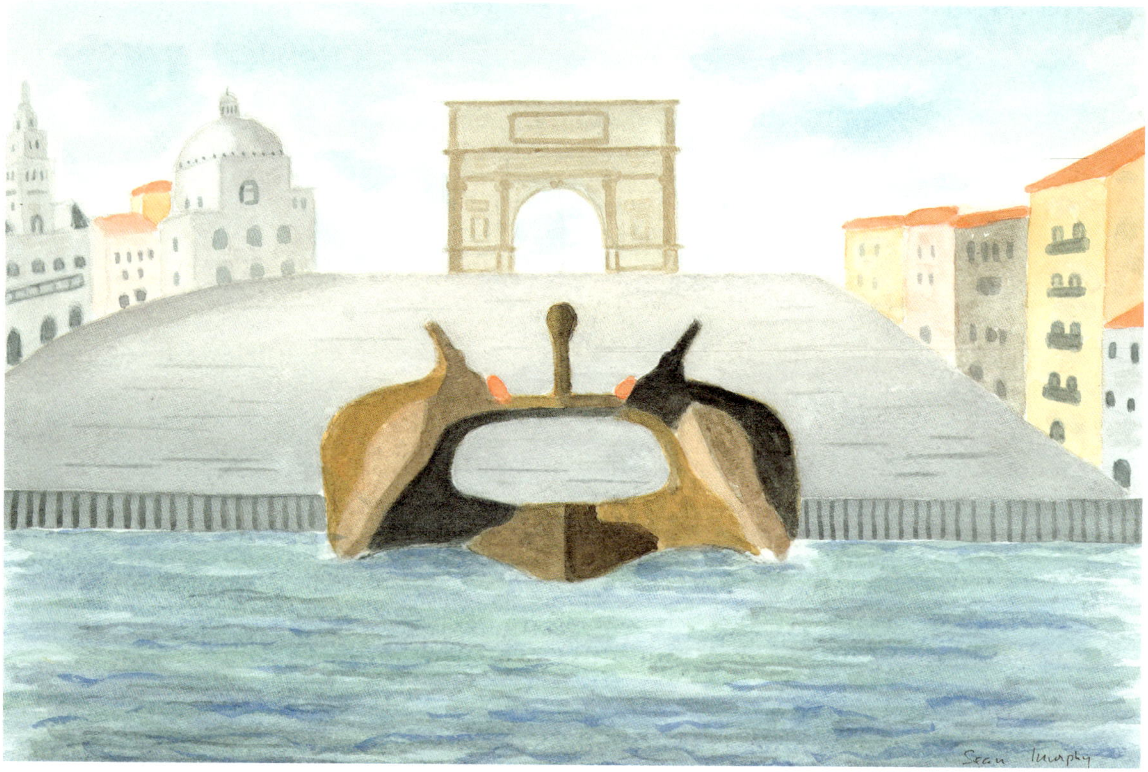

Flying Bone docked in imaginary Renaissance port
Ossement volant amarré à un port imaginaire de style Renaissance

of the animal bones into a ferry moored in the harbour of a small Renaissance town. I then placed the bone behind an imagined Renaissance window, perched on a table. I became immersed in developing ideas and constructing imaginary settings that pulled me in completely unexpected directions – often full of humour, sometimes quite surreal. I surprised no one more than myself.

Ever eager to loosen up, I decided to enrol in a course, "Finding and Developing Your Creativity." In our first class, the teacher informed us that the woman scheduled to give the course was sick and she had been called to substitute at the last minute. "I have no idea how to teach this subject but make a drawing and we'll see," she bluntly told us. Ironically, this course turned out to be one of the best any of us had taken. No didactic lecturing on theories of creativity. We just went ahead, sketched, drew and painted, and then discussed our work.

Ces essais correspondaient à mon entrée dans un territoire précédemment inexploré : le dessin d'imagination. Peu après, je transformais un des ossements d'animaux en un bateau amarré dans le port d'une petite ville de la Renaissance. J'ai ensuite placé l'ossement-bateau derrière une fenêtre imaginaire de style Renaissance, perché sur une table. Je me suis plongé dans l'élaboration d'idées et la construction de cadres imaginaires qui m'attiraient dans des voies totalement inattendues, souvent remplies d'humour, parfois très surréalistes. J'en étais le premier surpris.

Cherchant toujours à devenir plus à l'aise, j'ai décidé de m'inscrire à un cours intitulé « Trouvez et développez votre créativité ». Lors de la première séance, la professeure nous a informés qu'elle remplaçait au pied levé la femme censée donner le cours, et qui était tombée malade. « Je n'ai aucune idée comment on doit enseigner cette matière, mais faites un dessin, et on verra »,

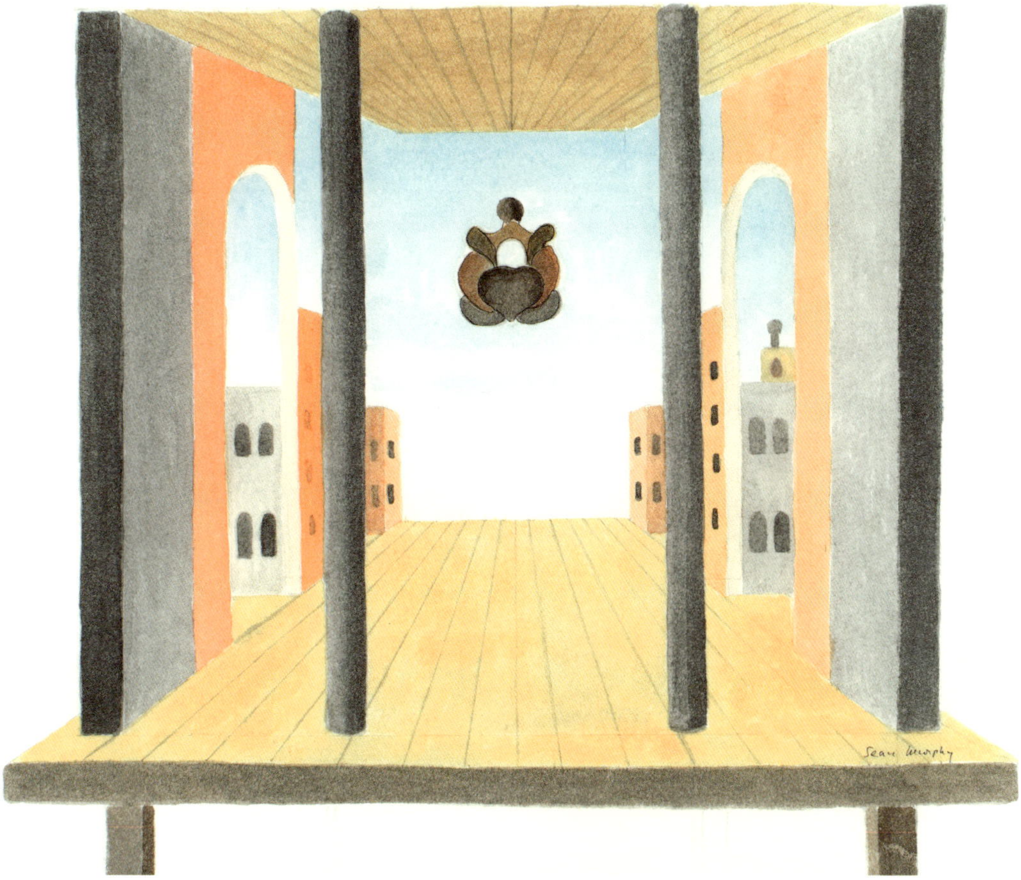

Flying Bone seen through an imaginary Renaissance window atop a table
Ossement volant vu à travers une fenêtre imaginaire de style Renaissance

I produced a large drawing of the deck of a small ocean liner that had been damaged in a fire; the colour of the burnt side of the ship fascinated me. I also drew the lifeboat on deck, rendered ventilators and other nautical equipment in great detail. On a 'roll' now, I drew fifteen more boats, replete with nuclear towers, one theatre scene and several black and white sketches. Also rendered were the workmen who had built the ship and a suggestion of engines to propel the vessel. There is a sense of apocalyptic events hovering over many of these drawings as people sit isolated in lifeboats seemingly trying to escape disaster.

A complex chain of events commences once you begin to draw; it's not unusual to be pleased

nous a-t-elle dit sans détour. L'ironie de la chose, ce cours s'est avéré l'un des meilleurs que personne d'entre nous n'ait jamais pris. Pas de sermons didactiques sur les théories de la créativité. Nous sommes simplement passés à l'action : nous avons fait des croquis, des dessins et des peintures, puis nous avons discuté de notre travail.

J'ai produit un grand dessin du pont d'un petit paquebot qui avait été endommagé par un incendie; la couleur du côté calciné du navire me fascinait. J'ai également dessiné le canot de sauvetage sur le pont, et reproduit les conduits d'aération et autres équipements de marine dans les moindres détails. Continuant sur ma lancée, j'ai dessiné quinze autres bateaux, sur fond de tours

by some aspect of a drawing, arrived at in no way you could adequately explain.

The teacher looked at my somewhat apocalyptic renderings and uttered one word: "Simplify!" My reaction was extreme; the next drawing portrayed a single lifeboat with a lone man on board. From this it occurred to me to draw the lifeboat roaming the oceans. Of course, one can hardly ignore the psychological overtones of my little man, out there alone questing after the 'meaning of life.'

In my eighties, it is not surprising that such imagery of isolation would emerge. Far from finding this upsetting, it provoked a level of self-awareness that was almost therapeutic. Drawing, especially from imagination, can engage us in a journey of self-exploration that is all the more fun for the insight it affords.

nucléaires, sur une scène de théâtre, ainsi que plusieurs croquis en noir et blanc. J'ai également dessiné les ouvriers qui avaient construit le navire, et suggéré les moteurs qui propulsent le vaisseau. Il règne une atmosphère d'apocalypse dans plusieurs de ces dessins, dans lesquels des gens sont isolés, assis dans des canots de sauvetage, tentant apparemment d'échapper à une catastrophe.

Lorsqu'on commence à dessiner, une suite d'événements se met en branle; on est souvent satisfait-e d'un certain aspect d'un dessin auquel on est parvenu, sans pouvoir vraiment l'expliquer.

La professeure a regardé mes interprétations quelque peu apocalyptiques, et elle a prononcé un seul mot : « Simplifiez ! » Ma réaction fut démesurée : le dessin suivant représentait un seul canot de sauvetage, avec un seul homme à bord. C'est alors qu'il m'est venu l'idée de dessiner le canot de sauvetage en train d'écumer les mers.

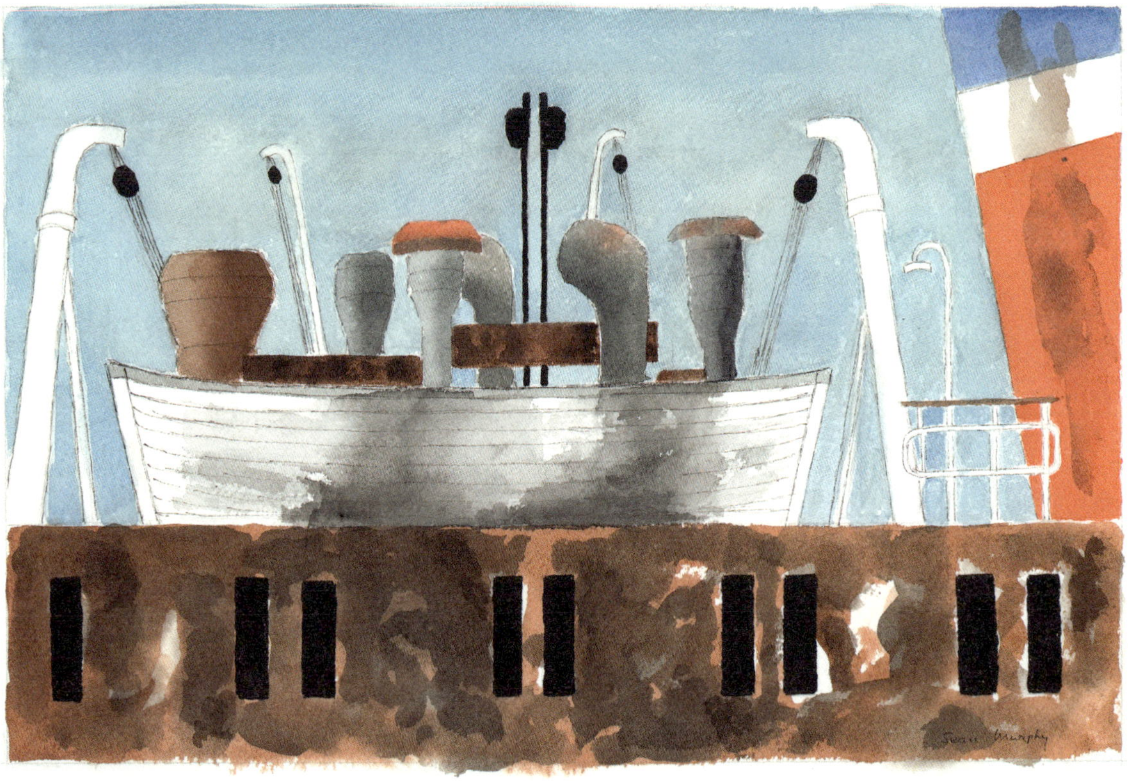

Fire damaged ocean liner, Howe Sound, British Columbia
Paquebot endommagé par un incendie, Howe Sound, Colombie-Britannique

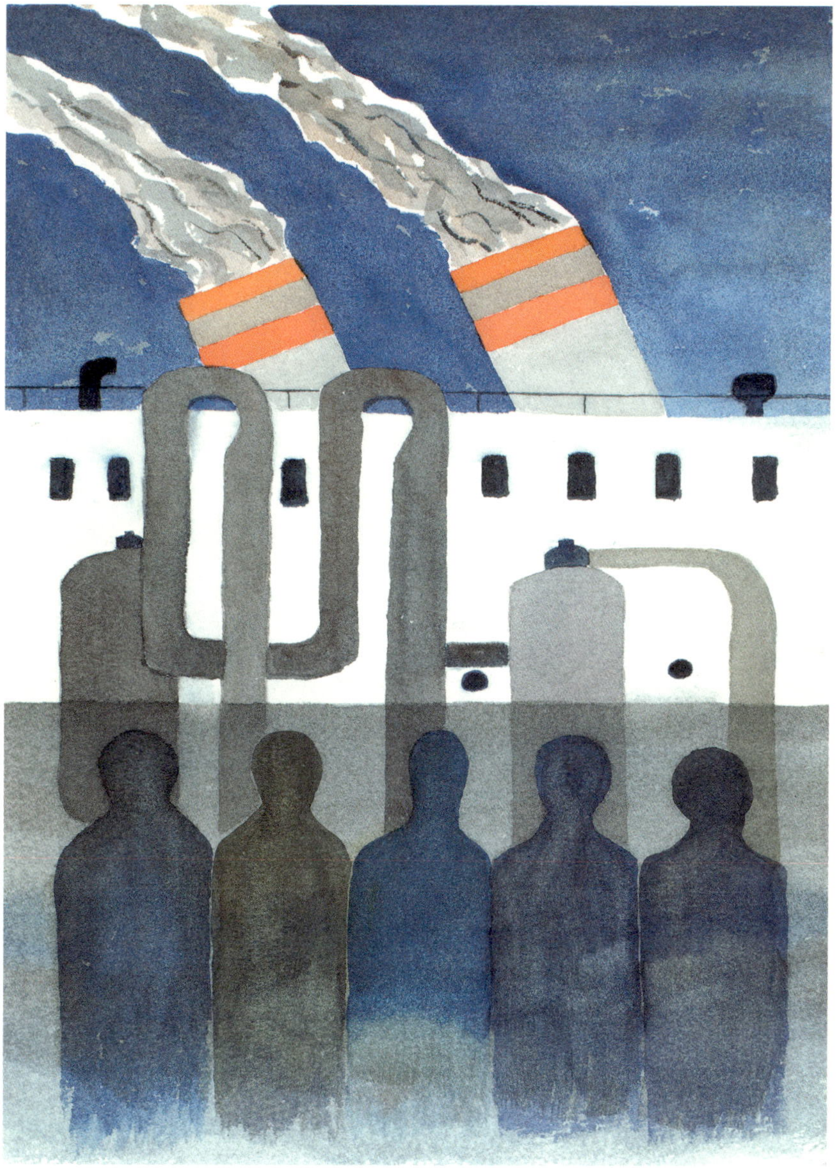

Workers and Ship
In the foreground, the workers who built the ship, with an impression of the engine depicted on the outside of the ship.

Ouvriers et navire
À l'avant-plan, on voit les ouvriers qui ont construit le navire, avec le moteur peint sur l'extérieur du bateau.

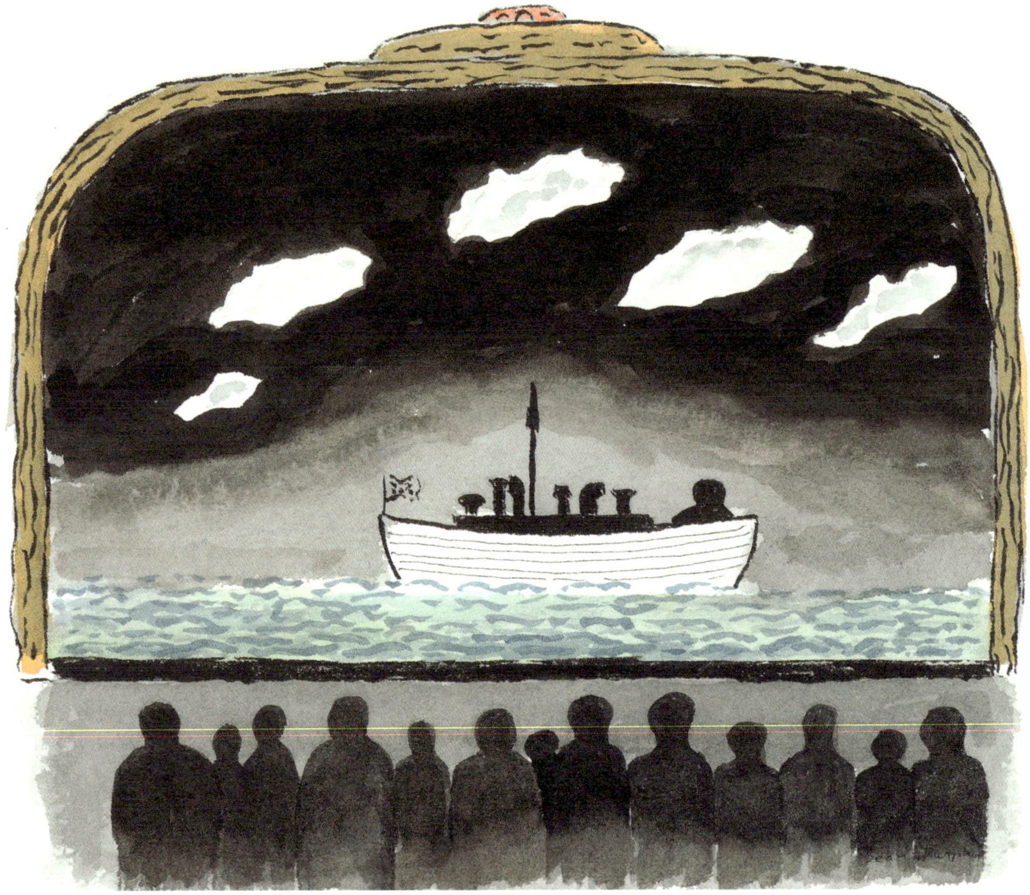

Life Boat Escape I / Série au canot de sauvetage, I

Bien entendu, il est difficile de passer sous silence les connotations psychologiques de mon petit bonhomme perdu là-bas, à la recherche du « sens de la vie » !

Avec mes quatre-vingts ans bien sonnés, il n'est pas surprenant que surgisse une telle imagerie d'isolement. Loin d'être bouleversant, ce dessin a provoqué un degré de prise de conscience quasi thérapeutique. Le dessin, et surtout le dessin d'imagination, peut nous entraîner dans un parcours d'exploration de soi qui est d'autant plus amusante, en raison des perspectives qu'il apporte.

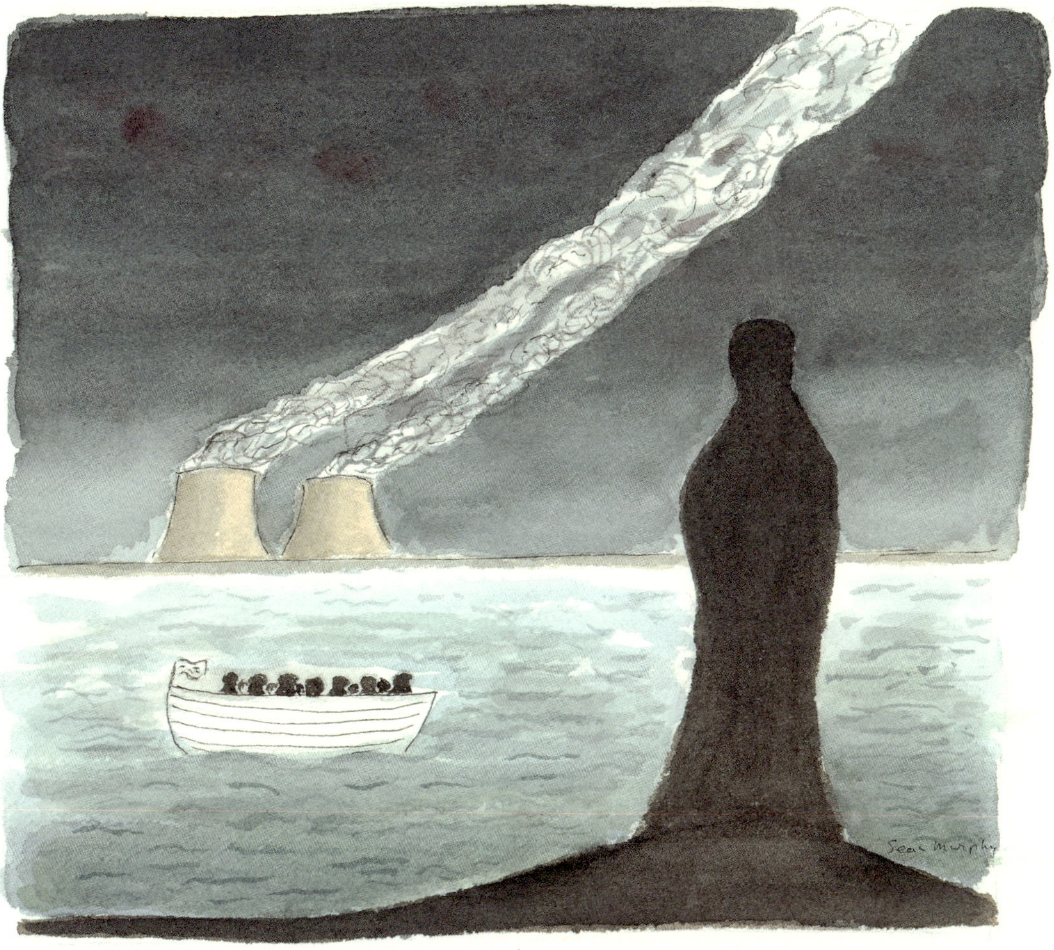

Life Boat Escape II / Série au canot de sauvetage, II

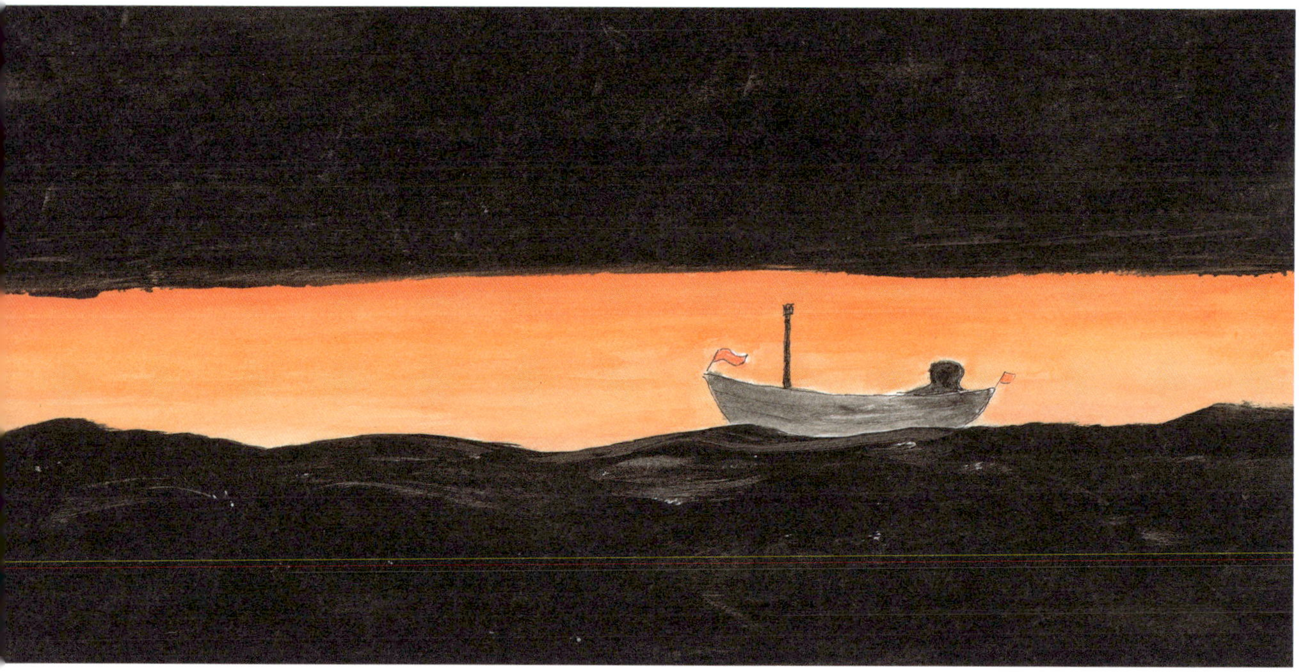

Alone at sea / Seul en mer

Sketching Kit

In the relative scheme of things, you need very little to draw or paint – a surface to draw on and a simple tool to draw with and colour. Of course, over time you'll each find your own perfect drawing tool, sable brush, rag paper, and watercolour pigment.

Art shops hold a magnetic attraction for me – the greater their stock, the more I linger browsing. A new brush must surely be the answer to a better watercolour! A variety of pencils and my drawing will improve! And then the whole world of colour beckons. And of course it's absolutely essential to purchase several types and weights of paper to be able to compare!

Time flies. I emerge with far too many purchases though I've enjoyed myself thoroughly. Besides, I always feel I really need these new things and usually they succeed in stimulating me to keep working even if they don't all get used. But let it be said: you might have to exercise restraint in the art supply store.

Below are listed some basic items I have found most useful. Because I do so much of my sketching while travelling or outdoors, I've developed a personal sketching kit that works for me, though I never stop altering the contents. It's in a constant state of evolution.

Everything must be miniature and not cumbersome. In fact the compact size of your sketching kit is an integral part of its charm. My sketching kit goes everywhere with me – you never know when that perfect composition will reveal itself or the light suddenly demand painting because of the peculiar way it hits the building or field.

Le trousse à dessin

Toutes proportions gardées, il faut très peu de choses pour pouvoir dessiner ou peindre : une surface pour dessiner, un simple outil à dessin et de la couleur. Naturellement, avec le temps, on trouve l'instrument à dessin qui nous convient le mieux : le pinceau en poil de martre, le papier chiffon et le pigment pour l'aquarelle.

Les magasins de fournitures d'art exercent sur moi un attrait irrésistible : mieux ils sont approvisionnés, plus longtemps je m'attarde à regarder. L'achat d'un nouveau pinceau améliorera sûrement mes aquarelles ! Avec plusieurs crayons différents, mes dessins seront meilleurs ! Et puis il y a le monde séduisant de la couleur. Bien sûr, c'est absolument essentiel d'acheter plusieurs types et poids de papier pour pouvoir les comparer !

Le temps file. Je ressors avec des achats par trop nombreux, mais j'ai eu beaucoup de plaisir. D'aillleurs, je trouve toujours que j'ai vraiment besoin de ces nouvelles choses, et elles réussissent habituellement à m'encourager à travailler, même si je ne les utilise pas toutes. Mais il faut le dire : vous devrez probablement faire preuve de modération lors de vos visites au magasin de fournitures d'art.

Vous trouverez ci-dessous la liste des choses que je trouve les plus utiles. Étant donné que je fais beaucoup de dessin en voyage et à l'extérieur, j'ai mis au point une trousse à dessin personnalisée qui me convient, même si je ne cesse d'en modifier le contenu, qui est en constante évolution.

Tout doit être miniature et peu encombrant. En réalité, la taille compacte de la trousse à dessin fait partie intégrante de son charme. Ma trousse me suit partout. On ne sait jamais quand la composition idéale va se présenter, ou lorsque la lumière réclamera une peinture, à cause de sa manière particulière de caresser un bâtiment ou une prairie.

Alex Colville, one of Canada's most successful painters, advised me to get a sketchbook over thirty years ago. No better advice can be given to an aspiring artist!

However, the first time I purchased a sketchbook, I wondered what to do with it. It was six-by-eight inches. My drawing teacher had insisted her students buy one. The first difficulty was remembering to take it with me; the second, was wondering what to sketch. I was soon admonished for my empty pages, however, and determined then and there to carry the book with me constantly, and to draw something – anything – everyday.

It took awhile to develop the habit but before long I was hooked. Initially, nothing seemed particularly worthy or, more to the point, easy enough to draw. However, I soon took to sketching anything that caught my eye – trees, rocks, fruit, buildings, boats, cows, water.

Now my sketchbook is with me always, ready to be pulled from my bag or coat pocket. Over three decades, I've filled almost sixty sketchbooks. Life seems lacking in a certain lustre without sketchbook in hand.

It is said that every good artist has a sketchbook to which they commit their unique shorthand, intimate thoughts or the impromptu visual records and reflexes of their creative hand and

Il y a plus de trente ans, Alex Colville, un des meilleurs peintres canadiens, m'a conseillé de me procurer un carnet à dessins. On ne saurait donner meilleur conseil à un artiste en herbe!

Toutefois, la première fois que j'ai acheté un carnet à dessins, je me suis demandé quoi en faire. Il mesurait 15 par 20 centimètres. Ma professeure de dessin avait insisté pour que ses étudiants et étudiantes s'en procurent un. La première difficulté, c'était de me rappeler de l'emporter avec moi, et la seconde, de me demander quoi dessiner. Je fus cependant bien vite réprimandé au sujet des pages vides de mon carnet, et je résolus sur-le-champ de l'emporter partout avec moi, et de dessiner quotidiennement quelque chose, n'importe quoi.

J'ai mis du temps à contracter cette habitude, mais je fus bientôt accroché. Au début, rien ne semblait particulièrement digne d'être dessiné, ou plus exactement, facile à dessiner. J'ai toutefois commencé à dessiner tout ce qui attirait mon attention : arbres, rochers, fruits, architectures, bateaux, vaches, étendues d'eau.

Je voyage toujours avec mon carnet à dessins, à la portée dans mon sac ou dans la poche de mon manteau. Depuis trois décennies, j'ai rempli plus de 50 carnets à dessins, et je continue! La vie me paraîtrait terne sans un carnet à dessins à la main.

Hadrian's Arch and Roman Theater, Jerash, Jordan

A searing hot day. Dry land all around. A triumphal arch stands at the entry to the city of Jerash, the façade laden with inscriptions. With no sign of shade, I worked rapidly, standing up, trying to capture an impression of all the carved information on the arch and theatre, though it was too hot for details. The darks within the arches were fun to paint; their cool look counter-balanced the arid countryside. One could not but think of all the people who've passed under the arch. A noble structure, now standing alone. The lower sketch – on the way to Petra.

Arche d'Hadrien et théâtre romain, Jerash, Jordanie

Une journée torride. Tout autour, le sol aride. Une arche triomphale marque l'entrée de la ville de Jerash, avec une façade chargée d'inscriptions. Comme je n'apercevais pas la moindre zone d'ombre, j'ai travaillé debout, à la hâte; j'essayais de rendre une impression des nombreux éléments sculptés, mais il faisait trop chaud pour ajouter des détails. Je me suis amusé en peignant les zones sombres à l'intérieur des arches; leur aspect rafraîchissant contrebalançait la campagne désertique. Je ne pouvais m'empêcher de penser à tous les gens qui sont passés sous l'arche. Cette noble structure se tenait maintenant toute seule. Le croquis du bas représente la route en direction de Pétra.

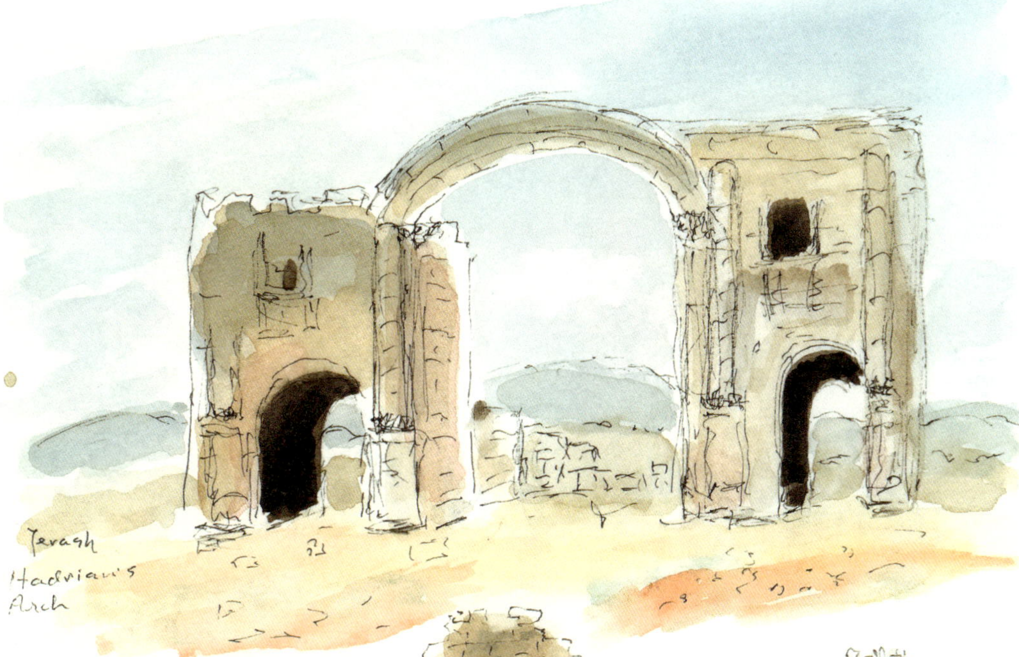
Jerash
Hadrian's
Arch

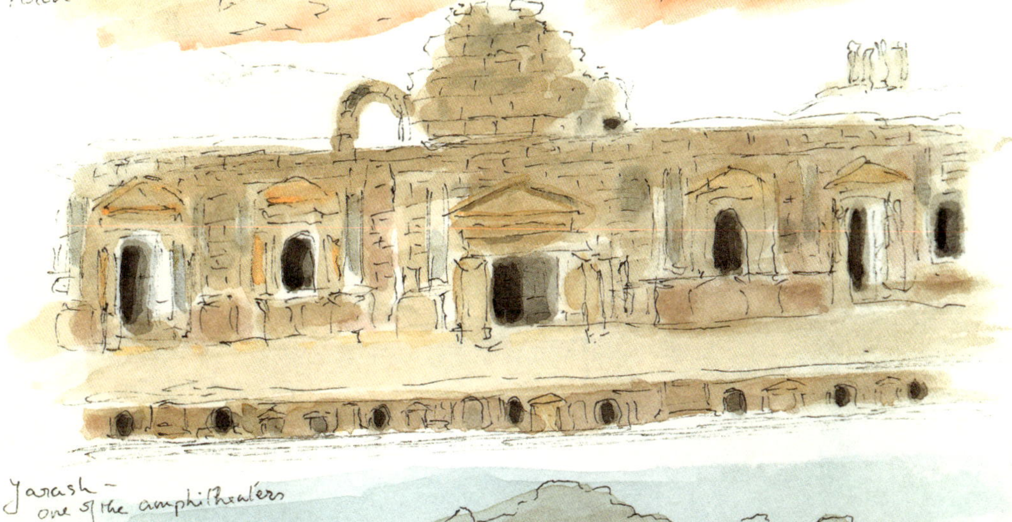
Jarash –
one of the amphitheaters

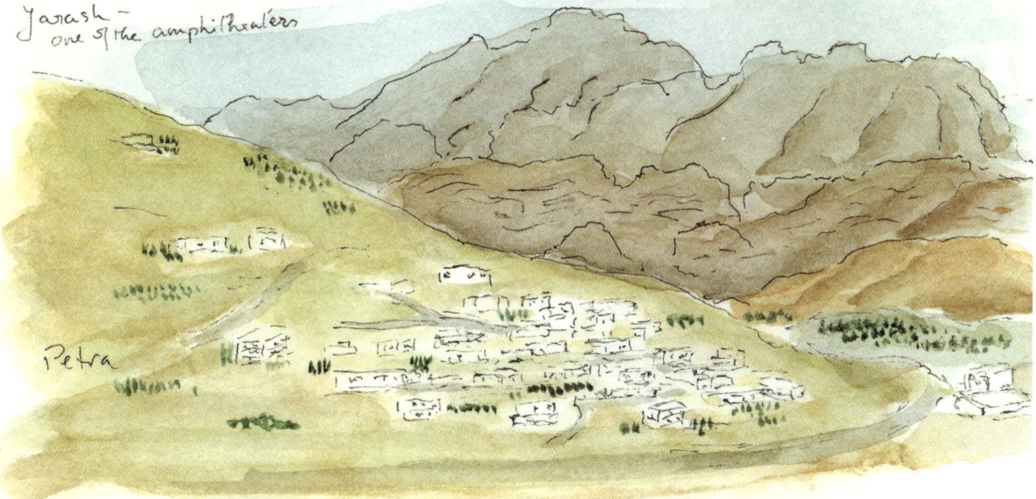
Petra

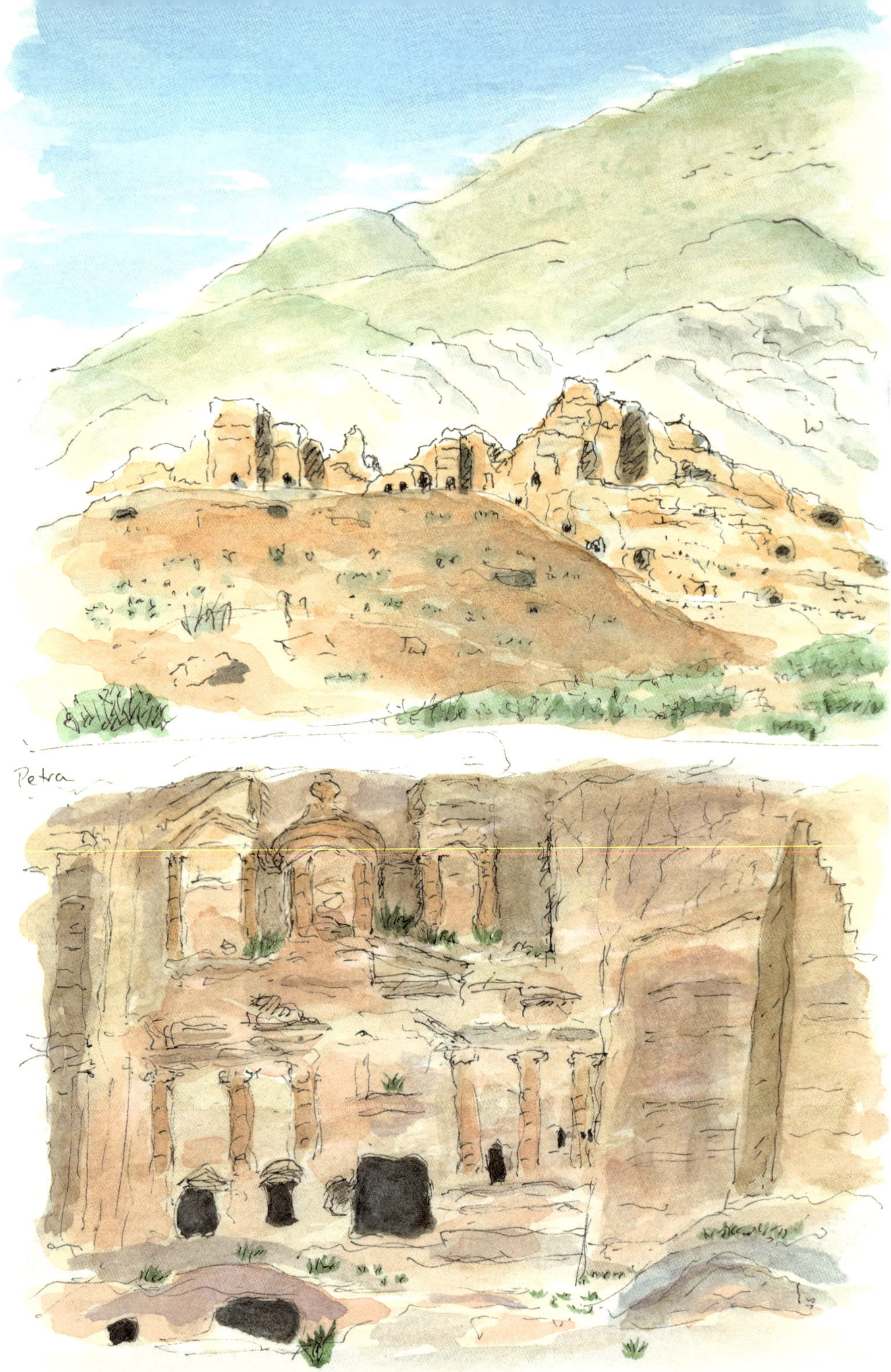

Petra, Jordan

Some sites carry the weight of history. Such is Petra, a city in the days of caravans and ancient Romans, hidden for centuries until discovered in the nineteenth century. You enter on horseback and pass through a deep gorge to face the tall façade of a building hewn out of reddish rock – the Treasury. Proceeding further, you enter a large open area with a Roman amphitheater surrounded by high rocky cliffs with carved entrances leading to dark chambers. So much to see and absorb. Still mounted, I realized my horse insisted on moving about and wanted no part of standing still so I could sketch. Once dismounted, I attempted to convey the feeling of this extraordinary place.

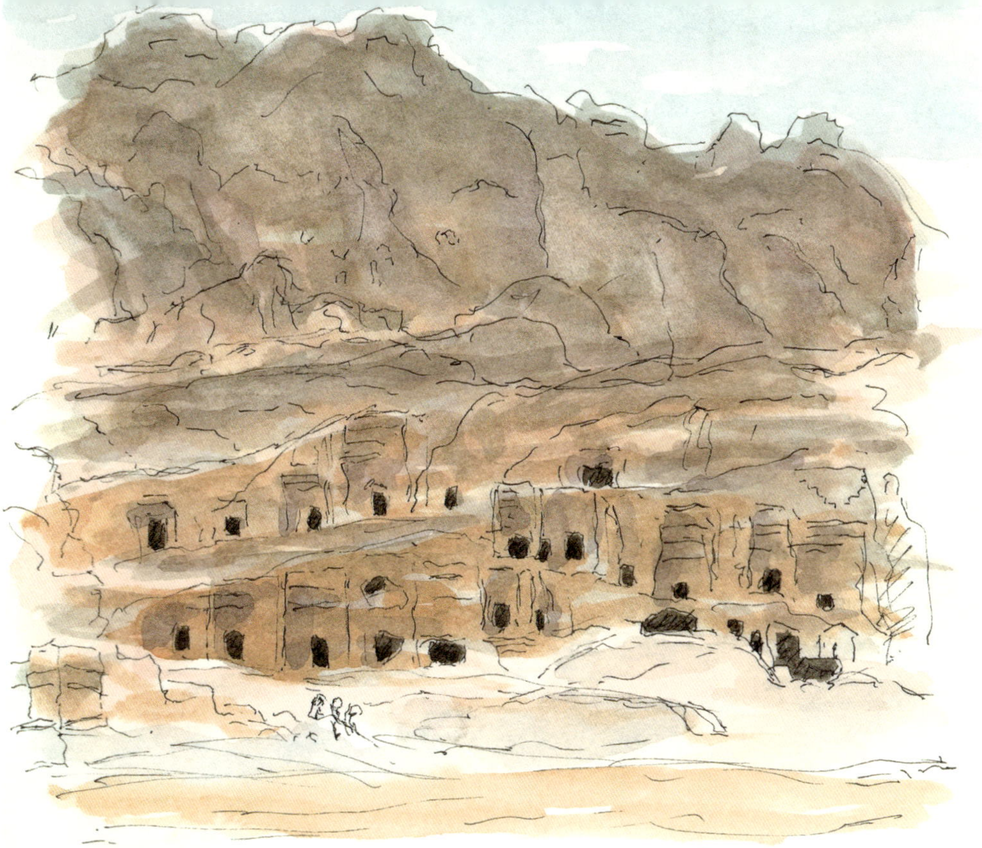

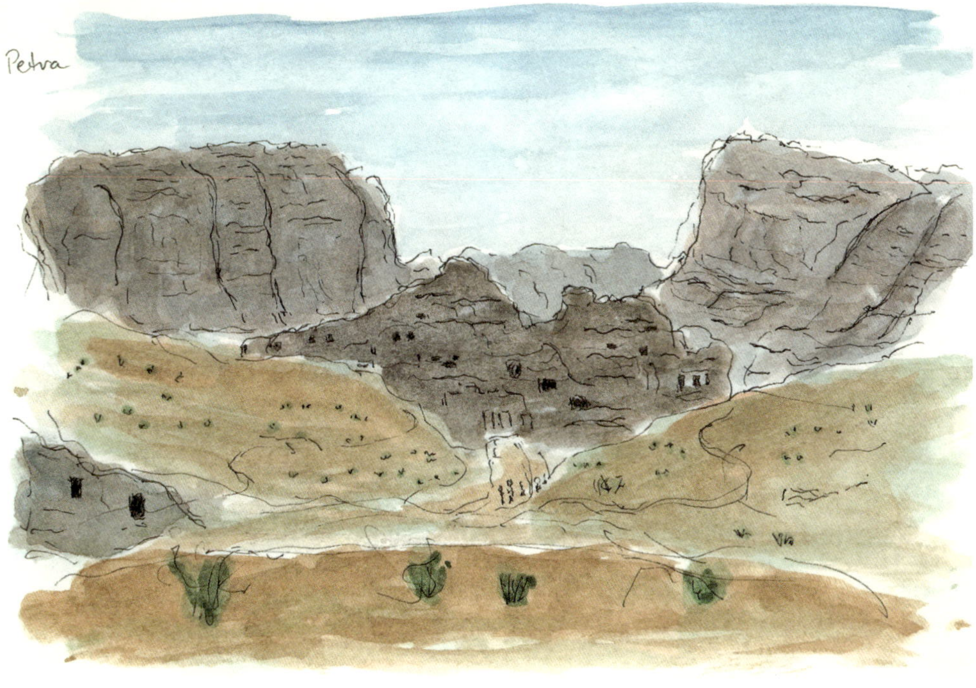

Pétra, Jordanie

Certains lieux portent le poids de l'histoire. Il en est ainsi de Pétra, cette ville du temps des caravanes et de l'Empire romain, cachée pendant des siècles jusqu'à sa découverte au dix-neuvième siècle. On y entre à cheval, on emprunte une gorge profonde pour se trouver devant la haute façade d'un édifice taillé à même la pierre rouge : le Trésor. Plus loin, on arrive dans un vaste espace ouvert avec un amphithéâtre romain, entouré de grandes falaises rocheuses avec des entrées sculptées dans la pierre, conduisant à des salles obscures. Il y avait tant de choses à voir et à assimiler. Je me suis rendu compte que ma monture insistait pour continuer le chemin; le cheval ne souhaitait aucunement s'immobiliser pour me permettre de dessiner. Une fois descendu, j'ai tenté de reproduire l'atmosphère de ce lieu extraordinaire.

mind. The sketchbook has a long provenance; if you haven't already done so, treat yourself to a perusal through the sketchbooks of some of the great masters – Leonardo da Vinci, Rembrandt, Michelangelo, Monet.

You can fill a sketchbook with on-the-spot sketches, sundry jottings, colour notes. It becomes a kind of visual journal, a place to imagine, dream, explore, and of course, practice. On one page you may have a thick network of nervous squiggles that are free and pure with the urgency that comes of sudden creative impulse. On another, a completed watercolour.

You can make brief thumbnail sketches and annotations you'll reference later at home. Such a sketch may have arrows, indicating the composition or names of colours scribbled all over the sky to help recall the particular tone of blue you wanted to capture.

Over the last few months, putting this book together, I've taken the time to go through my sketchbooks. I realize they record the delight I've taken in the world around me. They provide a record of drawings and watercolours done in different countries as well as in my daily local environment. They contain descriptions of various sites as well as anecdotes and comments about the people I've met while sketching.

My sketchbooks have been used for exploration, very loose sketches, ideas and notations. For instance, when I sketch in museums I am trying to understand how some of the great artists worked; these drawings are exploratory and represent learning experiences. I often make five to ten or more drawings of individual objects on one page. There are pages filled with writing, comments on works of art I have seen, notes on colours to be used and lighting at different times of day, reviews of exhibitions in museums, and commercial galleries, discussions with artists, curators and directors.

Finding the particular sketchbook to serve your individual likes and dislikes can be a trial and error process. From a practical standpoint, a six-by-eight inch book with a metal coil back has suited me best. The advantage of the coil is

On dit que tout bon artiste possède un carnet à dessins pour consigner ses écritures personnelles, ses pensées intimes ou les notes visuelles impromptues ou les réflexes créateurs de la main ou de l'esprit. Le carnet à dessins a une longue histoire; si vous ne l'avez pas fait encore, faites-vous plaisir en parcourant les carnets à dessins de grands maîtres comme Léonard de Vinci, Rembrandt, Michel-Ange et Monet.

On peut remplir un carnet à dessins de croquis sur le terrain, de notes diverses et de notations sur la couleur. Le carnet devient comme un journal visuel, un espace pour imaginer, rêver, explorer et, bien entendu, pratiquer. Sur une page, on peut trouver un dense réseau de griffonnages libres et purs, nés de l'urgence de l'élan créateur soudain. Sur une autre page, on verra une aquarelle complétée.

Vous pouvez faire des esquisses rapides et des notations auxquelles vous ferez référence plus tard à la maison. Ces croquis peuvent comporter des flèches indiquant la composition ou les noms des couleurs griffonnés dans le ciel pour vous aider à vous souvenir des tons particuliers de bleu que vous vouliez reproduire.

Depuis quelques mois, alors que je travaillais à ce livre, j'ai pris le temps de parcourir tous mes carnets à dessins. Je me rends compte à quel point ils témoignent du plaisir que j'ai tiré de tout ce qui m'entoure. Ils forment un ensemble de dessins et d'aquarelles complétés dans différents pays, et dans mon environnement immédiat de tous les jours. Ils contiennent des descriptions de différents lieux, ainsi que des anecdotes et des commentaires sur les gens que j'ai rencontrés tout en dessinant.

J'ai utilisé mes carnets à dessins pour de l'exploration, des croquis très rapides, des idées et des notations. Par exemple, lorsque je dessine dans les musées, j'essaie de comprendre la manière de travailler des grands artistes; je fais des dessins exploratoires qui constituent des expériences d'apprentissage. Je fais souvent cinq, dix dessins, ou davantage, d'objets individuels sur une même page. Certaines pages sont remplies d'écriture, de commentaires sur des œuvres d'art que j'ai vues,

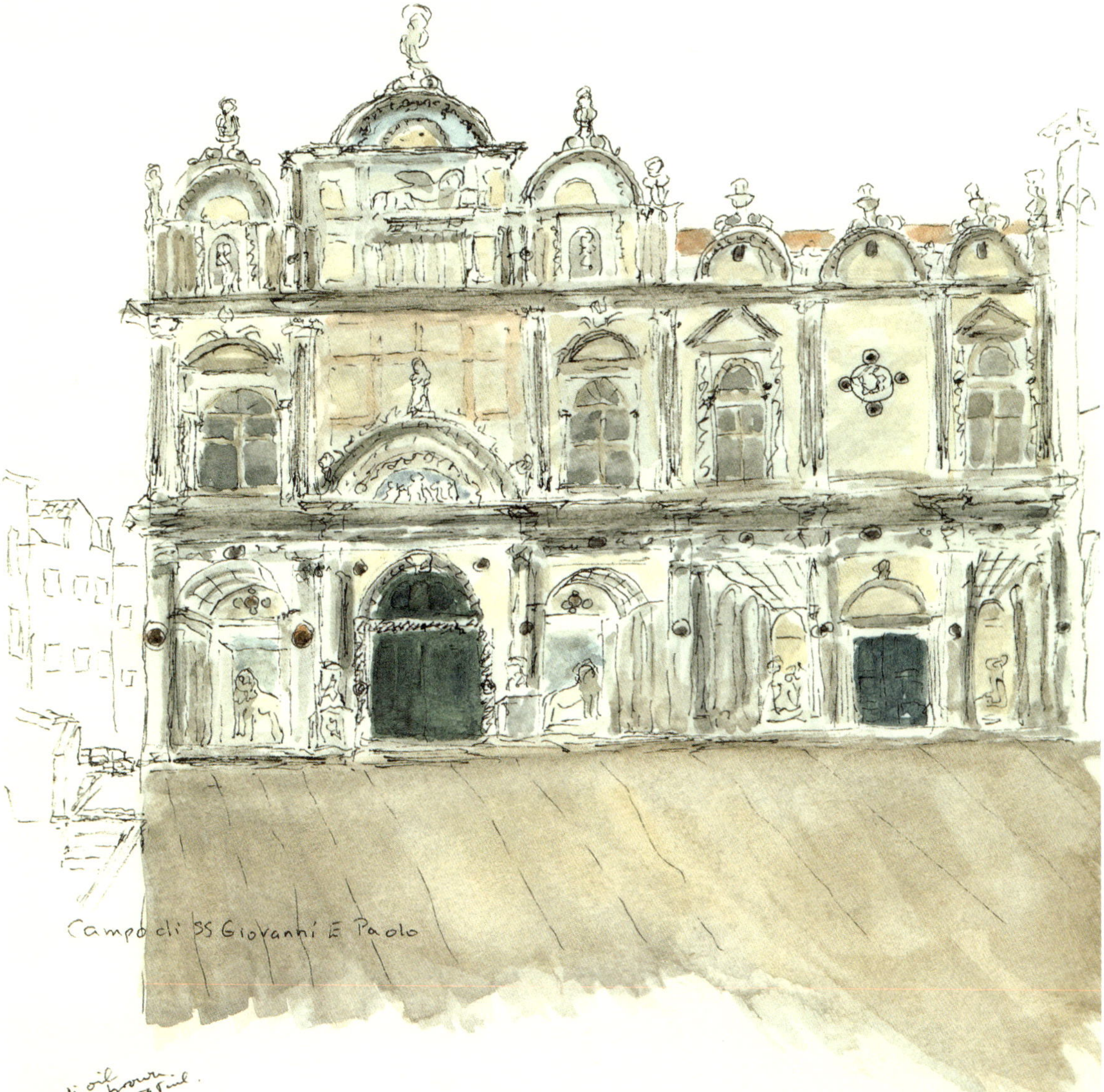

Guardi oil all grey brown with lemon trail.

Today the Correr Museum – the history of Venice. A huge map of early Venice greets you – before the Campanile was built. Opposite it is an unknown artist in the late 1500s doing St Mark's Square from the water. Sky is dark, the Square is dark on both sides as dramatic perspective plunges the Doge's Palace & the side of the Correr. In the apex of where the perpendiculars would meet the Bell tower is brilliantly lit. In the foreground figures dressed in the period clothes stand abt lending a mysterious air to the whole scene. I felt this was a forerunner of De Chirico + his [illegible] space –

dark sky

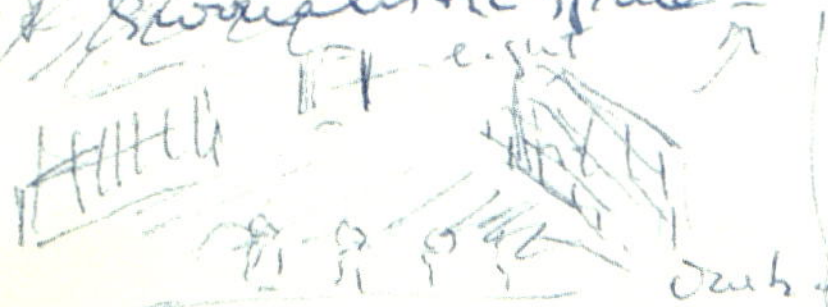

many Madonnas c̄ downcast eyes. Several Giovanni [illegible] – Have scenery in background, be it a portrait (many in profile) or a crucifixion. Keep this in mind –

Interesting models of Bucentor + palazzos.

Also the famous courtesans of Carpaccio.

Scuola di San Marco, Venice / Scuola di San Marco, Venise

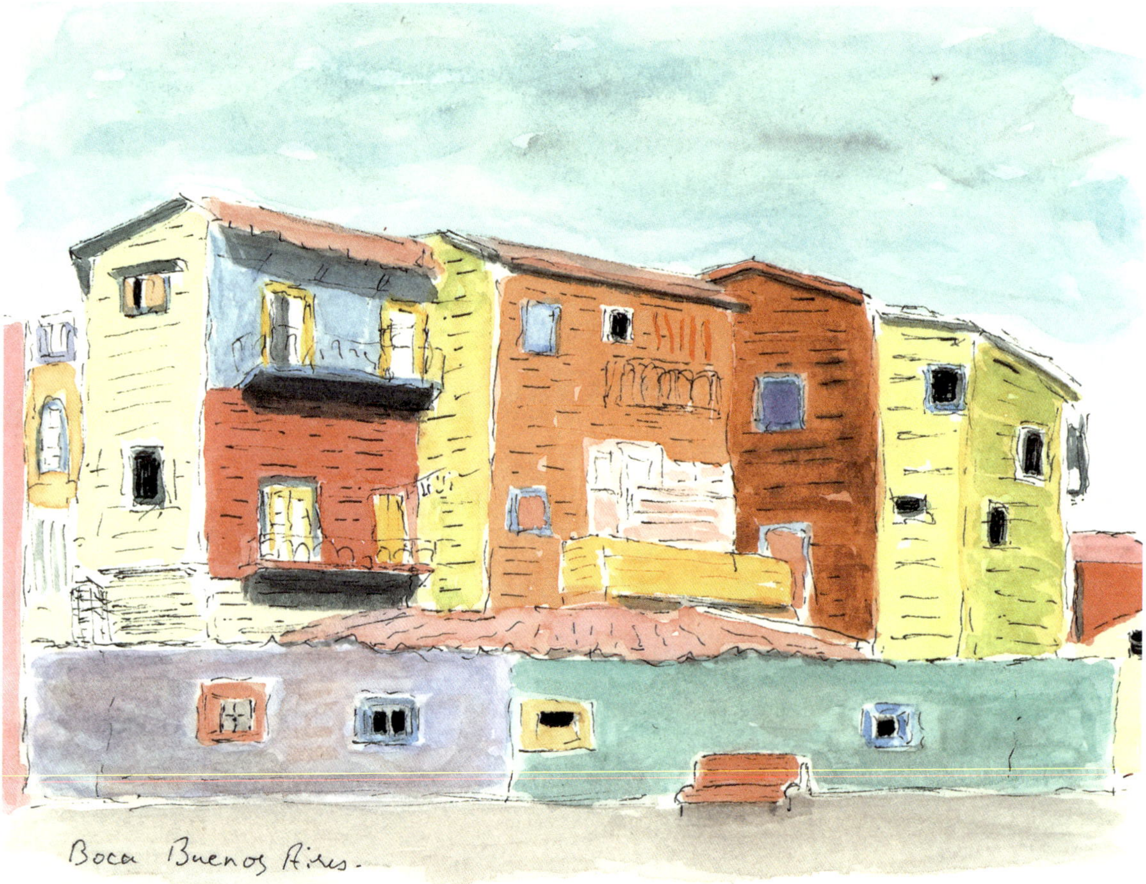

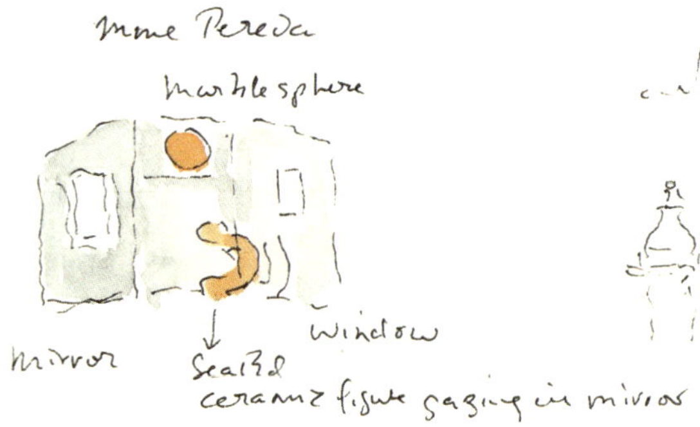

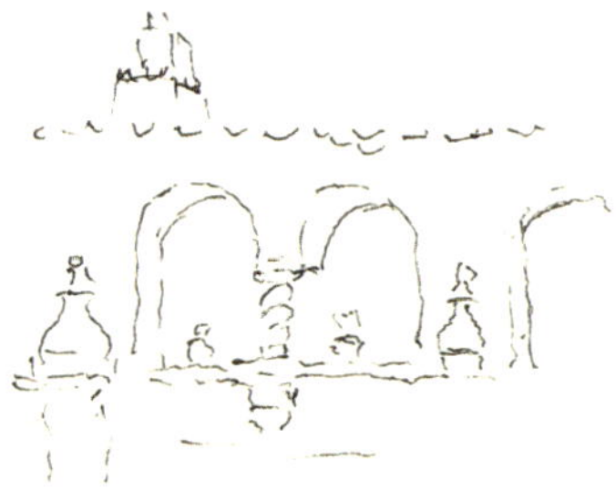

Boca, Buenos Aires

Having been told not to leave Buenos Aires without seeing the Boca district, I was overwhelmed by its colored houses facing a street where artists sold their wares. My top sketch concentrated on the houses; underneath, two simpler sketches.

Boca, Buenos Aires

Un bénévole du musée m'a conseillé de ne pas quitter Buenos Aires sans avoir visité le quartier de Boca. J'ai été très ému par les maisons colorées d'une rue où les artistes vendaient leurs productions. Le croquis du haut se concentre sur les maisons; il y a deux croquis plus simples en dessous.

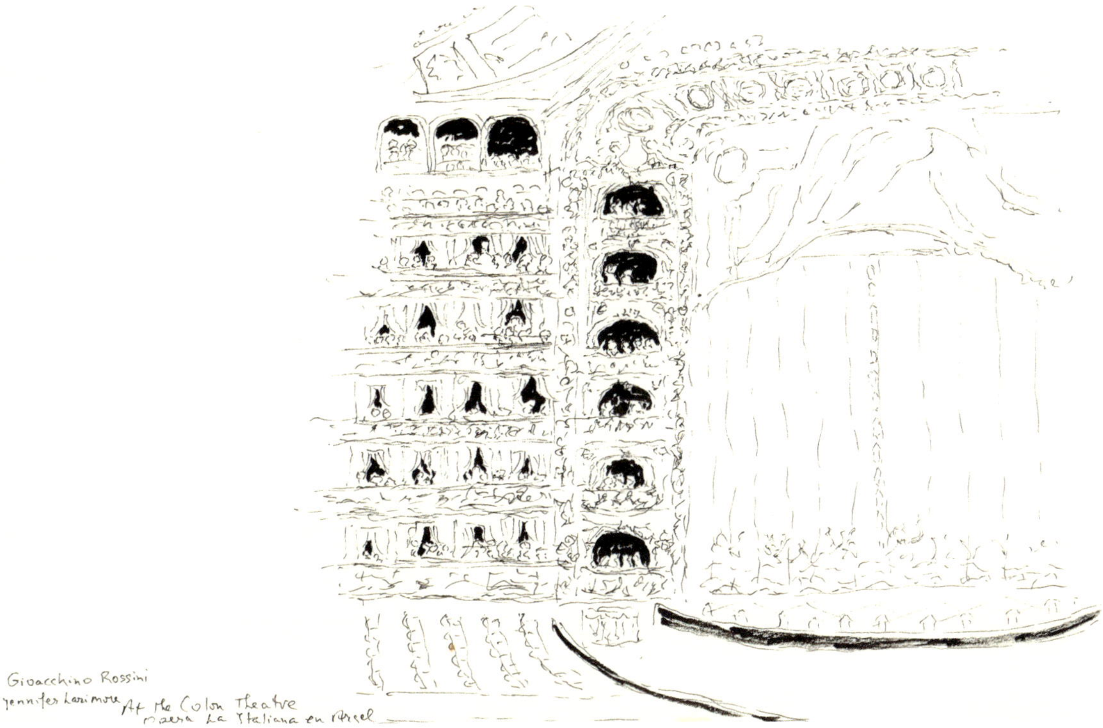

At the Colón Opera House, Buenos Aires / Opéra Colón, Buenos Aires

that it can lie flat – especially helpful when working outdoors in windy conditions. Some artists prefer smaller sketchbooks, and, when doing watercolours, a pad of watercolour papers or individual sheets are readily available at your local art supply store and can be particularly practical.

de notes sur des couleurs à utiliser, et sur l'éclairage à divers moments de la journée, des critiques d'expositions dans des musées et des galeries privées, des discussions avec des artistes, des conservateurs et conservatrices, ou des directeurs et directrices d'institutions dans le domaine des arts.

Il vous faudra peut-être procéder par tâtonnements pour trouver le carnet à dessins qui fera votre affaire. D'un point de vue pratique, un carnet de 15 par 20 centimètres, avec une reliure spirale en métal, est ce qui me convient le mieux. L'avantage de la spirale est que l'on peut mettre le carnet à plat, ce qui est particulièrement utile lorsqu'on travaille à l'extérieur, par temps venteux. Certains artistes préfèrent des carnets à dessins plus petits; pour l'aquarelle, une tablette de papier ou des feuilles individuelles disponibles au magasin de fournitures d'art peuvent s'avérer très pratiques.

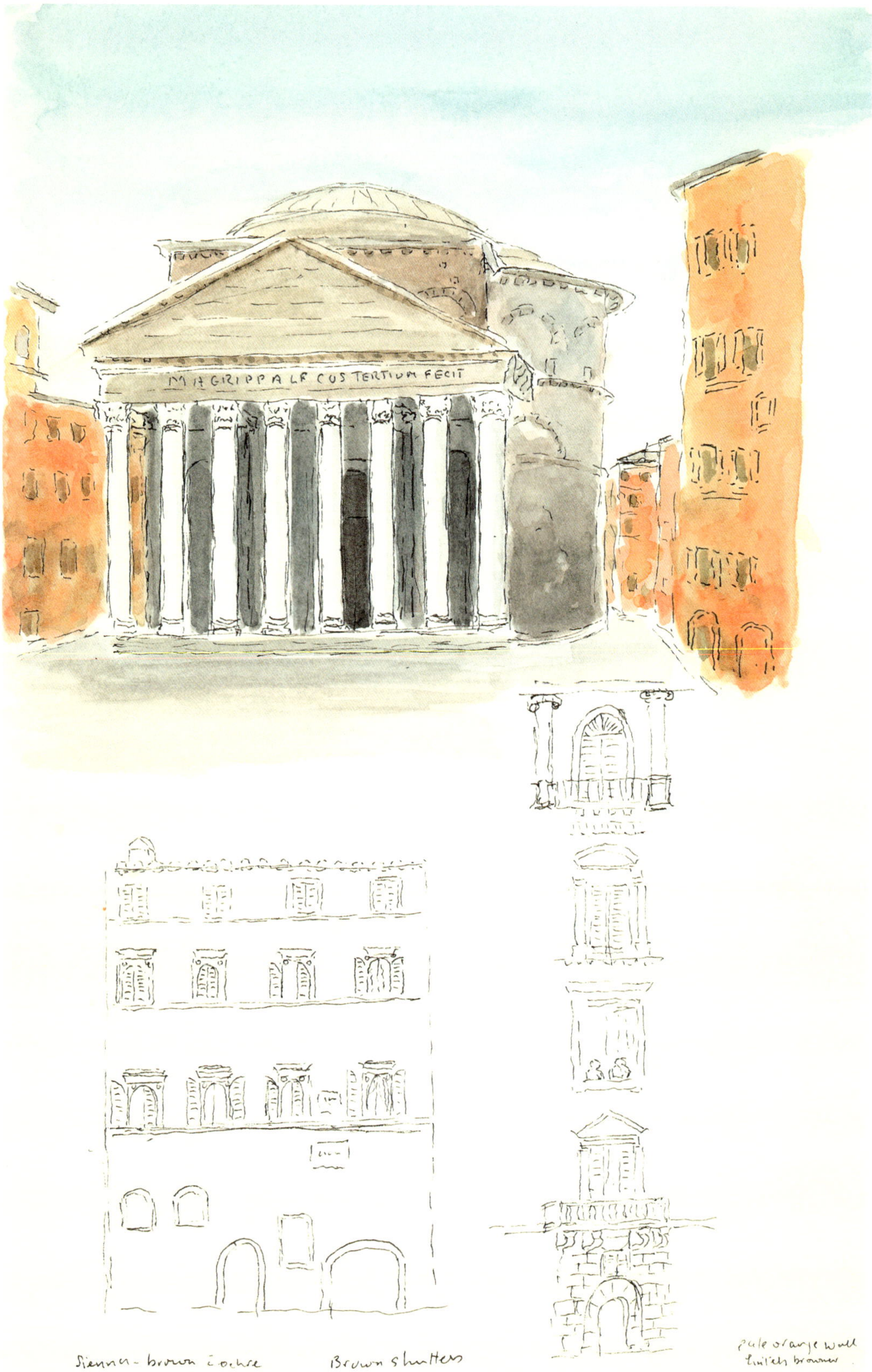
M AGRIPPA L F COS TERTIUM FECIT
Sienna-brown & ochre
Brown shutters
pale orange wall

DRAWING TOOLS

One word of warning about your tools. Don't purchase supplies that are too inexpensive because you'll end up with discouraging results and fail to do justice to your own potential. Pencils, ink, conté, even a small watercolour kit are inexpensive compared to oils or acrylic. Of course, the smaller you work, the less expensive the materials.

I have found that a good set of drawing pencils includes: 3H, 2H, HB, B, 2B, 4B and 6B. These represent a range from hard to soft and each will give you a very different kind of line and effect. Don't forget a malleable eraser as well – an absolute necessity.

For pen and ink, in the past I used a bottle of ink and pen with a nib. Lately, however, I've succumbed to practicality. Especially when travelling, I use permanent ink pens you can pick up in your local art supply store. A Japanese .005 can give you a good line, strong but delicate and you don't need to worry about leaking or spilling jars of ink.

WATERCOLOUR BRUSHES

If you talk to a watercolour enthusiast, you will find they are continually on a hunt for the perfect watercolour brush.Until you find it, however, here are some suggestions. It is helpful to have a #1 fine brush as well as #s 4, 6, 8 and 10. Of course, whether you choose a natural hair brush (sable, petit gris, etc.) or a less expensive synthetic

OUTILS POUR LE DESSIN

Une mise en garde au sujet de vos outils. N'achetez pas de fournitures trop bon marché, car vous obtiendrez des résultats décourageants, et vous ne mettrez pas votre potentiel en valeur. Les crayons, l'encre, le conté, même un petit ensemble d'aquarelle, sont peu coûteux, comparés à l'huile et à l'acrylique. Bien entendu, plus le format est petit, moins les matériaux sont chers.

D'après moi, un bon ensemble de crayons à dessin comprend les mines 3H, 2H, HB, B, 2B, 4B et 6B. Ceux-ci représentent une gamme allant de la mine dure à la mine tendre, et chacun vous donnera un genre très différent de trait et d'effet. N'oubliez pas d'emporter une gomme à effacer malléable : il s'agit d'une nécessité absolue.

Autrefois, j'utilisais une bouteille d'encre et une plume avec un bec pour le dessin à l'encre. Dernièrement, j'ai cédé au sens pratique. Surtout en voyage, j'utilise le genre du magasin de fournitures d'art du voisinage. Une plume japonaise .005 donne un bon trait, à la fois fort et délicat, et l'on n'a pas besoin de s'inquiéter au sujet des fuites ou des bouteilles d'encre renversées.

PINCEAUX POUR L'AQUARELLE

Si vous parlez à un-e passionné-e d'aquarelle, vous constaterez qu'il ou elle est constamment à la recherche du pinceau idéal. Voici quelques suggestions en attendant de le découvrir. Il est utile d'avoir un pinceau fin n° 1, ainsi que les n° 4, 6, 8

Pantheon, Rome

Sitting in a café opposite the Pantheon drinking espresso as the crowds walked by. Relaxed, I pondered how much to sketch. The Pantheon itself overwhelmed adjacent buildings but I indicated their presence with a wash of colour. Outside columns in front protect a dark door and wall. The building, a large cylindrical form crowned by a spherical dome, takes your breath away. Underneath, quick sketches for further work.

Panthéon, Rome

J'étais assis dans un café face au Panthéon, et je buvais un espresso tandis que déambulaient les foules. Détendu, je me demandais ce que je devais dessiner. Le Panthéon écrasait les édifices environnants, mais j'ai suggéré leur présence par un lavis coloré. Les colonnes de la façade dissimulent une porte et un mur sombres. L'édifice lui-même est un grand cylindre coiffé d'un toit sphérique. L'intérieur est un immense espace, avec un dôme incurvé, percé en son sommet d'une ouverture circulaire. L'échelle est à couper le souffle. En dessous, des croquis rapides en préparation pour d'autres dessins.

one or a combination of the two is another decision. All these brushes differ in terms of their firmness, resilience and ability to carry water. Most watercolourists aspire to own at least one good quality sable brush in their lifetime. Undoubtedly, you will experiment and find what best suits your personal inclinations and style of working.

PALETTE AND PAINTBOX

A palette represents the selection of pigments or colours you choose to work with and your choice of colours is significant. Of course, colour theory is an entire topic unto itself that I don't intend to tackle here, though it might warrant some basic study. That said, an intuitive sense of colour mixing can take you far.

Some people choose to work with a limited or restricted palette to begin with and they manage to achieve profundity with few tones. Monet, for instance, used quite a limited palette, banishing browns and earth tones and, at the end, even black. Other artists experiment with the full rainbow. Over time, your palette will become a highly personal collection of warms and cools or bright and neutral pigments that reflect your personality. I tend to work with quite a muted palette.

At least eight or ten colours constitute a good beginner's palette. At this point, my palette includes: cadmium red, alizarin, cadmium yellow, yellow ochre, raw sienna, burnt sienna, burnt umber, raw umber, sap green, cerulean blue, ultramarine blue, cobalt blue and Prussian blue. A final one might include Payne's grey. For watercolour, if white is needed, I tend to use the white of the paper or white gouache.

Your paint or watercolour box will become another very personal item. There are many kinds, from small travel sets two by four inches to larger studio palettes ten by twelve inches and larger. Some contain mini-pans (removable squares of paint) which you clip into place and replace when they run out. Others come with a varying number of empty wells that allow you to squeeze colour directly from the tube. With

et 10. Évidemment, c'est à vous de décider si vous opterez pour un pinceau en poils naturels (martre, petit gris, etc.), ou un pinceau synthétique moins cher, ou encore une combinaison des deux genres de matières. Tous ces pinceaux varient quant à leur fermeté, leur souplesse et leur capacité à porter l'eau. La plupart des aquarellistes aspirent à posséder au moins un bon pinceau en poils de martre au courant de leur vie. Vous ferez sans doute des essais pour déterminer ce qui vous convient le mieux à vos goûts et à votre manière de travailler.

PALETTE ET BOÎTE DE COULEURS

La palette constitue le choix de pigments ou de couleurs avec lesquels vous choisissez de travailler; il s'agit d'un choix significatif. Naturellement, la théorie de la couleur est un sujet en soi, que je n'ai pas l'intention d'aborder ici, bien qu'il justifie un apprentissage de base. Ceci étant dit, une approche intuitive du mélange des couleurs peut vous mener loin.

Certaines personnes choisissent de travailler avec une palette limitée ou restreinte comme base, et elles réussissent à créer de la profondeur au moyen de quelques tons. Monet, par exemple, utilisait une palette très limitée; il avait banni les bruns et les tons de terre, et même le noir, à la fin de sa vie. D'autres artistes expérimentent avec toutes les couleurs de l'arc-en-ciel. Avec le temps, votre palette deviendra une collection très personnelle de pigments chauds et froids, brillants et neutres, qui reflètent votre personnalité. Pour ma part, je travaille avec une palette plutôt sourde.

La palette du débutant devrait comprendre au moins huit ou dix couleurs. À ce stade-ci, ma palette comprend du rouge de cadmium, d'alizarin, du jaune de cadmium, du jaune ochre, de la terre de sienne, de la terre de sienne brûlée, de la terre d'ombre brûlée, du vert de vessie, du bleu ciel, du bleu de cobalt, du bleu de Prusse et de l'outremer. Pour finir, on pourrait inclure du gris de Payne. Lorsqu'il faut du blanc pour l'aquarelle, j'utilise habituellement le blanc du papier, ou de la gouache blanche.

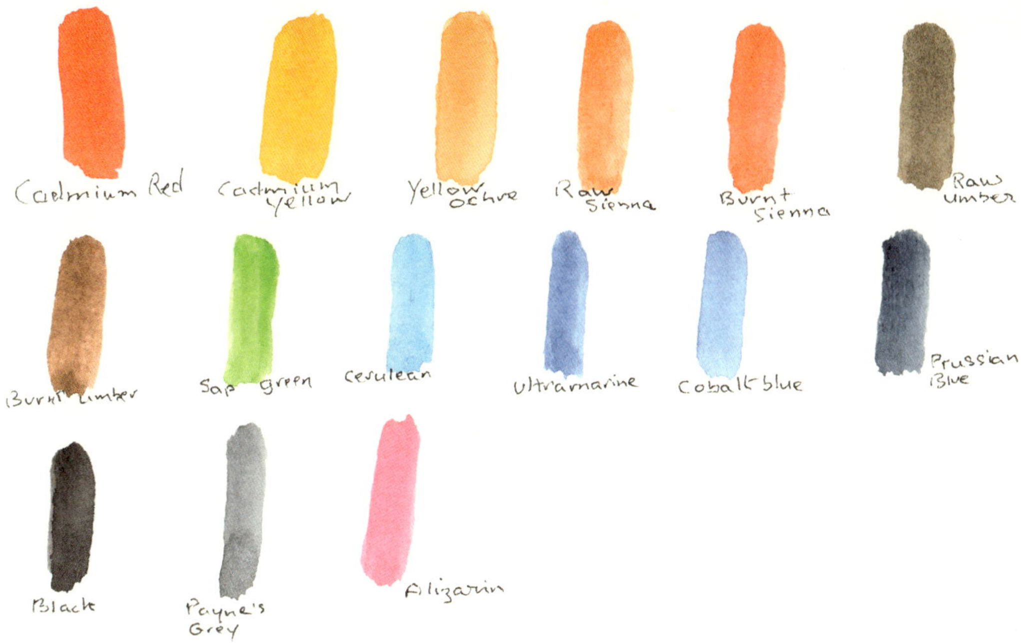

My watercolour palette / Ma palette d'aquarelle

either system you can create your very personal combination of colours. The inside of the lid, usually white, functions as your mixing and colour blending tray.

Watercolourists are always comparing their boxes. It is interesting to see how people individualize them. The messier they are, the more interesting to look at.

La boîte de peinture ou d'aquarelle est un autre objet très personnel. Il y a plusieurs modèles, depuis les petits ensembles de voyage mesurant 5 x 10 centimètres, jusqu'au palettes d'atelier mesurant 25 x 30 centimètres et plus. Certaines boîtes d'aquarelle contiennent des récipients miniatures (des carrés de peinture amovibles) qui peuvent être fixés à l'intérieur. Il faut simplement les remplacer lorsqu'ils sont vides. D'autres boîtes comportent un certain nombre de creux, dans lesquels on peut presser directement les tubes de couleur. Vous pourrez créer un agencement de couleurs tout à fait personnel avec l'un ou l'autre de ces systèmes. Habituellement, l'intérieur du couvercle est blanc et sert de plateau pour mélanger les couleurs.

Les aquarellistes comparent constamment leurs boîtes. Il est intéressant de voir comment les gens les personnalisent. Plus elles sont salies, plus elles sont intéressantes à examiner.

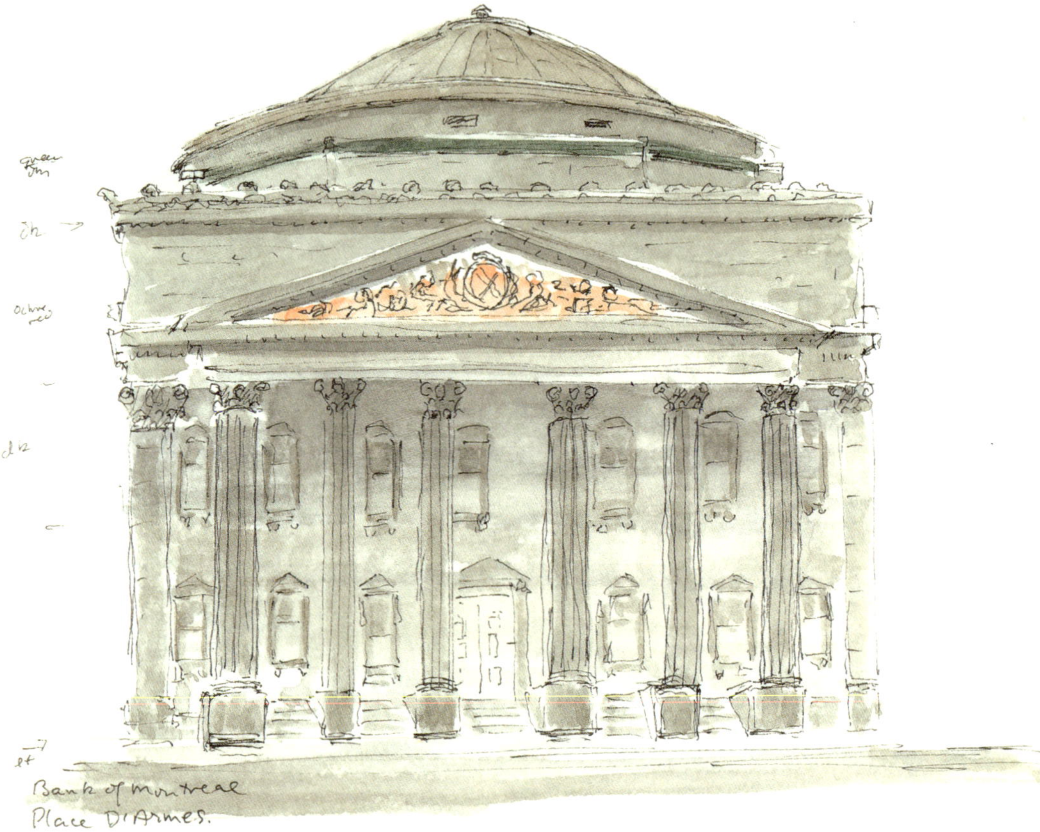
Bank of Montreal
Place D'Armes.

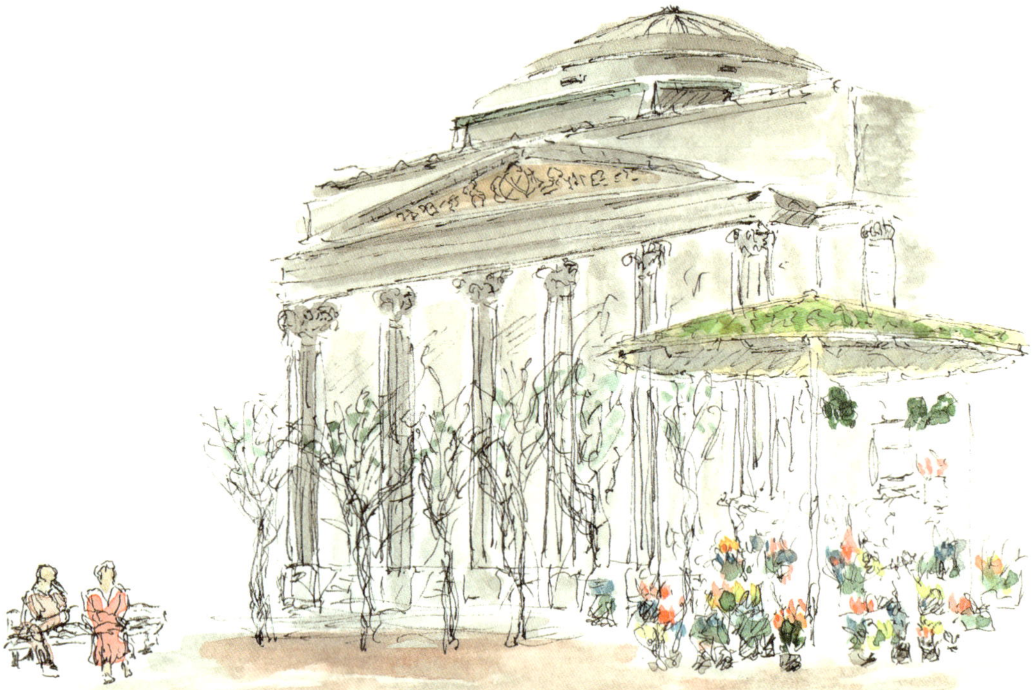

Classes

I think undoubtedly everyone ought to be taught to draw, just as much as everybody ought to be taught to read and write.
William Morris[9]

There is no question that you can learn to draw on your own, just as a person can learn to play a musical instrument – by ear, much experimentation and long hours of practice. That said, it is my experience that a few art classes make a world of difference; drawing is rarely a divine gift that falls from the sky. Learning to draw is not intuitive alone and a lack of understanding of basic principles can limit you or, at the least, slow your progress considerably.

Once a few fundamental rules are learned, they become tools that enable you to more successfully render what you see, even what you imagine. To continue the musical analogy, you have to know the piano scales before playing improvisional jazz – at least, successfully.

I mentioned this earlier: most people believe they can't be taught to draw. I am living testimony that you can. The fact is that most great draftsmen endured rigorous training under the discipline of demanding masters – for years. In that our goal isn't to become master draftsmen but to simply find pleasure and enrichment of life, we needn't subject ourselves to such abuse. There is no need to pursue long training or university degrees for your 'second career.' A few classes will suffice. The world out there is the more vital classroom.

Les cours

Je crois fermement que l'on devrait enseigner à tout le monde comment dessiner, autant que l'on devrait enseigner à tout le monde comment lire et écrire.
William Morris[10]

Cela ne fait aucun doute : on peut apprendre à dessiner par soi-même, comme on apprend un instrument de musique par oreille, après de nombreux essais et de longues heures de pratique. Ceci étant dit, d'après mon expérience, quelques cours d'art peuvent faire toute la différence; la connaissance du dessin n'est pas un cadeau du ciel. L'apprentissage du dessin n'est pas qu'une affaire d'intuition; le manque de compréhension des principes de base peut limiter, ou du moins ralentir considérablement votre progression.

Une fois apprises les quelques règles essentielles, ces dernières deviennent des outils permettant de mieux rendre ce que l'on voit, et même ce que l'on imagine. Si l'on poursuit l'analogie musicale, il faut savoir ses gammes avant d'improviser du jazz au piano – du moins, avec succès.

J'ai mentionné au début que la plupart des gens croient qu'on ne peut leur enseigner le dessin. Je suis la preuve vivante que c'est possible. En vérité, la plupart des grands dessinateurs ont suivi une formation rigoureuse sous la direction de maîtres impitoyables, pendant de longues années. Puisque notre but n'est pas de devenir des maîtres dessinateurs et dessinatrices, mais de trouver simplement du plaisir et enrichir nos vies, il n'est pas nécessaire de se soumettre à de telles exigences. Pas besoin de suivre une longue formation ou

Bank of Montréal, main office, Montréal
One day, walking around Place d'Armes, I came across the main office of the Bank of Montréal. Classic in style, it reminded me of the Pantheon in Rome; I could have been in Italy as I began to draw.

Siège social de la Banque de Montréal, Montréal
Un jour, alors que je me promenais près de la place d'Armes, je suis tombé sur le siège social de la Banque de Montréal. Son style classique m'a rappelé le Panthéon à Rome; tandis que je dessinais, j'avais l'impression d'être en Italie.

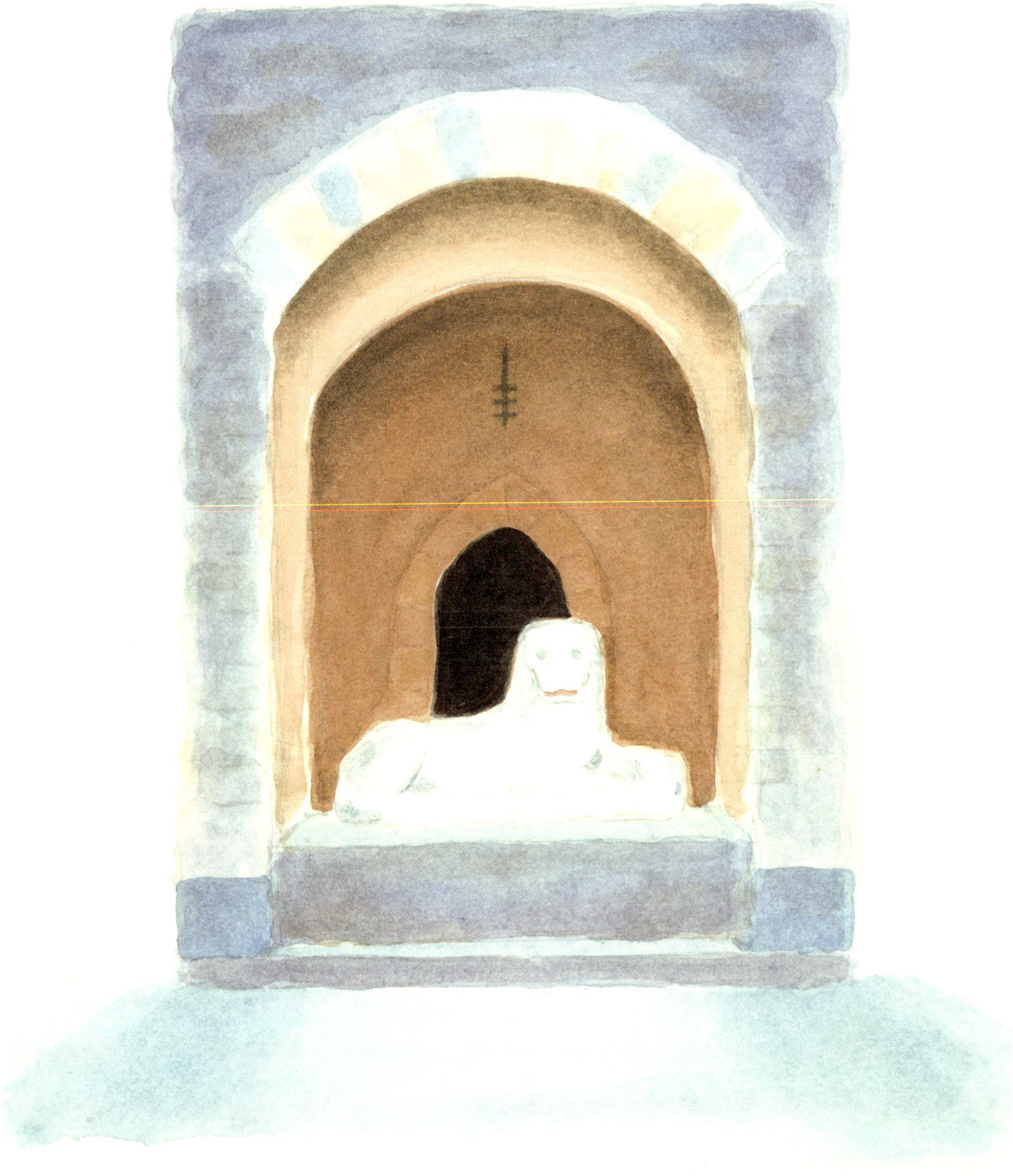

Lion sculpture, Archeological Museum, Rhodes, Greece
Sculpture représentant un lion, Musée d'archéologie de Rhodes, Grèce

Some people try to teach themselves with 'How To' books. Reading these manuals may provide you with some insight or techniques that enhance your practice but, in my experience, classes are far more preferable in that you learn faster, are more deeply motivated to actually do the drawing or painting and finally, classes afford the added pleasure of engaging with fellow students who share your passion.

This latter point bears emphasizing as well. You learn from the teacher but you also learn from watching other students. Moreover, the camaraderie that develops in the class is a unique and special experience and I strongly advocate participation in at least some preliminary drawing and painting courses if for this reason alone.

Classes also offer a sense of community. You will enjoy discussing your work with others and exchanging experiences and ideas. I've developed many friendships with other sketchers and enjoyed plein air painting expeditions with many a former student.

Even though I rarely take classes anymore, I have come to understand the value of having one's

de faire des diplômes universitaires pour une « deuxième carrière ». Quelques cours suffiront. Le monde qui nous entoure représente une école bien plus riche.

Certaines personnes essaient d'apprendre avec des manuels. La lecture de ces livres peut vous informer et vous initier à des techniques qui amélioreront votre pratique, mais les cours sont de loin préférables, puisque vous apprendrez plus vite, que vous serez davantage motivés à faire du dessin ou de la peinture, et qu'ils procurent le plaisir d'échanger avec les autres étudiants et étudiantes qui partagent la même passion.

Cela vaut la peine d'insister sur ce dernier point. On apprend du professeur, mais aussi en observant les autres étudiants et étudiantes. En outre, la camaraderie qui s'établit en classe est une expérience unique et exceptionnelle; pour cette seule raison, je recommande fortement au moins la participation à des cours préliminaires de dessin et de peinture.

Les cours procurent aussi un sentiment de communauté. Vous aimerez discuter de votre travail avec d'autres, échanger vos expériences et vos

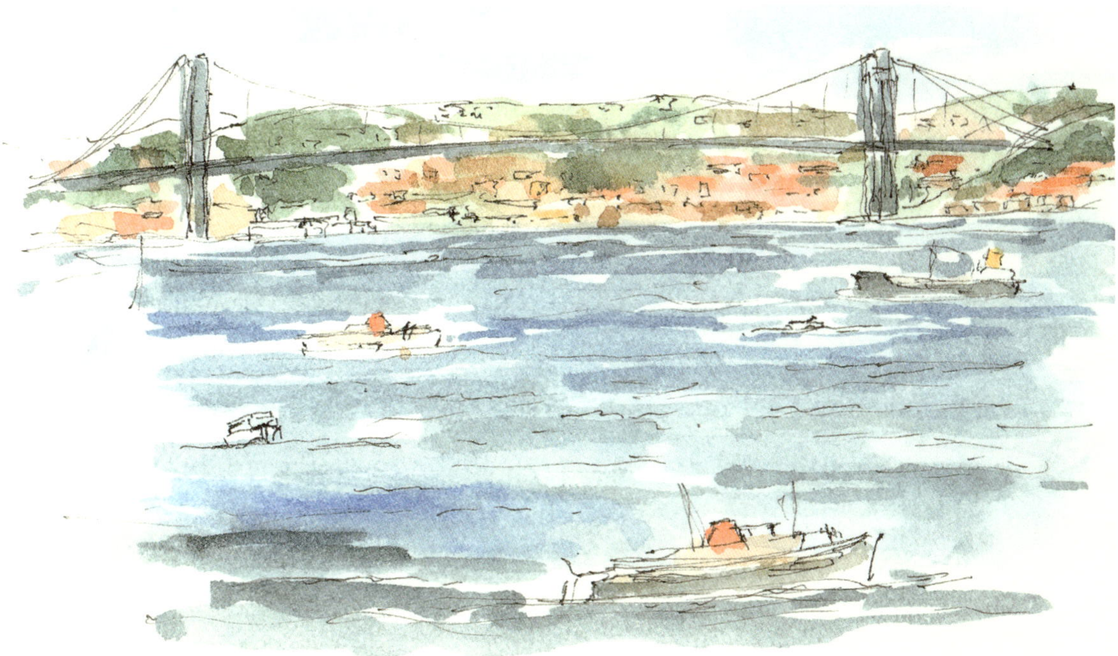

Bridge over the Bosphorus / Pont sur le Bosphore

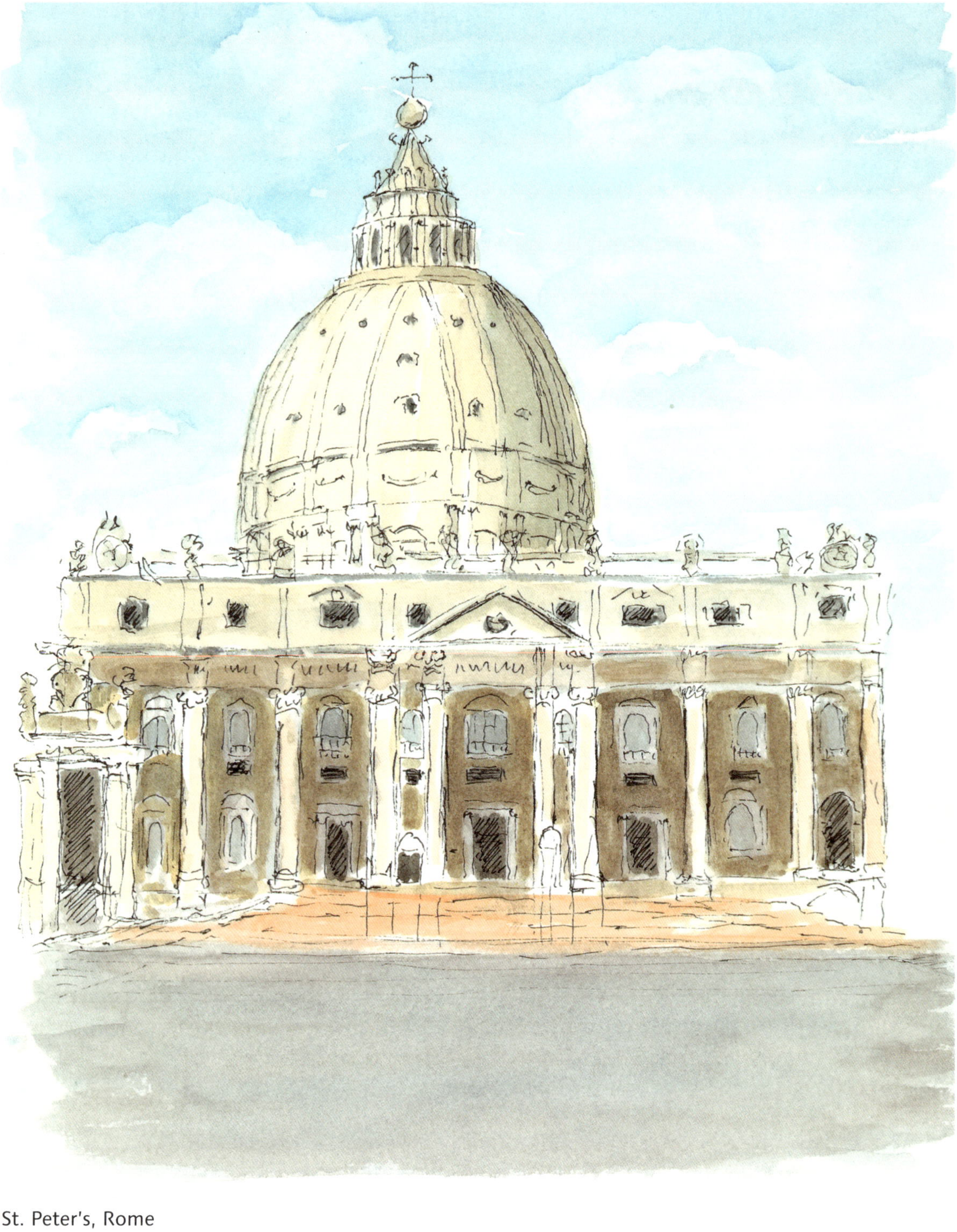

St. Peter's, Rome

I couldn't help being in awe while sketching history – Michelangelo was constantly on my mind as were the Popes and Swiss Guards.

Saint-Pierre de Rome

Je ne pouvais faire autrement qu'éprouver un respect mêlé de crainte tout en dessinant cette page d'histoire : j'avais constamment à l'esprit Michel-Ange, les papes et la garde suisse.

work assessed by someone whose judgment you respect. Periodically I seek out an artist or teacher and ask for a critique; inevitably the exchange spurs me on, confirms what I suspected or challenges me. Sometimes it even boosts my confidence though you certainly don't want someone telling you it's "nice" when it isn't. The whole point is constructive criticism, meaningful feedback.

idées. J'ai établi plusieurs amitiés avec d'autres dessinateurs et dessinatrices, et j'ai pris plaisir à plusieurs expéditions de peinture en plein air en compagnie d'anciens étudiants et étudiantes.

Même s'il est rare aujourd'hui que je prenne encore des cours, j'en suis venu à comprendre la valeur de l'évaluation de mon travail par quelqu'un dont je respecte le jugement. Périodiquement, je fais appel à un-e artiste ou un-e professeur-e pour obtenir une critique; notre échange ne manque jamais de m'encourager, il confirme mes doutes ou me met au défi. Parfois même, ma confiance s'en trouve augmentée, bien que la dernière chose que l'on veuille entendre, c'est que c'est « joli », alors que ce ne l'est pas. L'intérêt, c'est d'obtenir une critique constructive, des commentaires enrichissants.

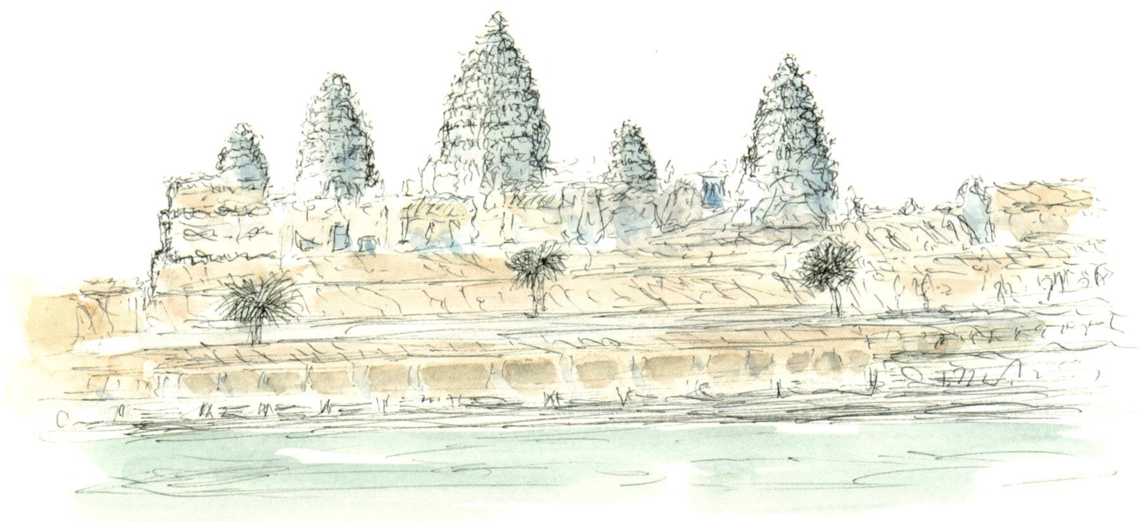

Angkor Wat, Cambodia, twelfth century AD
After drawing a scene such as the one above, you'll often find yourself wanting to know more about its history.

Angkor Vat, Cambodge, XIIe siècle
Après avoir dessiné une scène comme celle-ci, on souhaite souvent en connaître davantage sur son histoire.

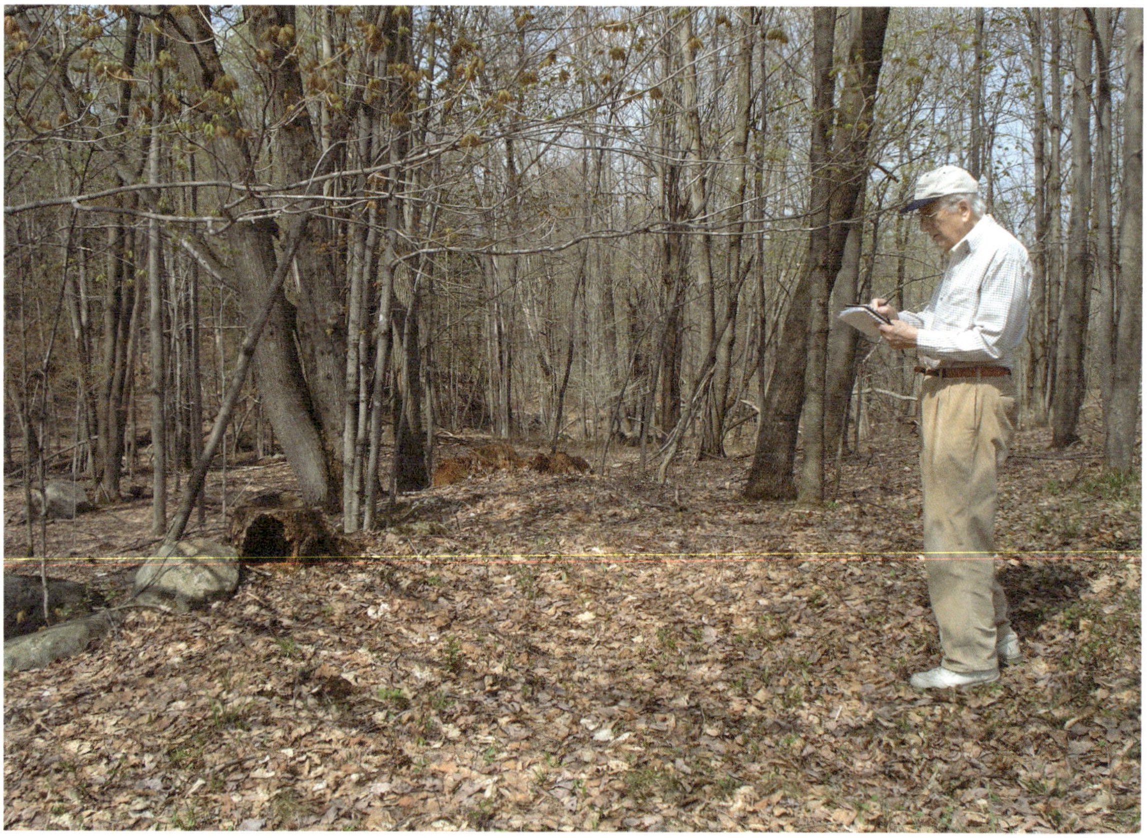

In the woods, Eastern Townships, Québec / Dans les bois, Cantons-de-l'Est, Québec

Conclusion

I'm increasingly obsessed by the need to render what I experience and I'm praying that I'll have a few more good years left to me because I think I may have made some progress in that direction.
Claude Monet[10]

Inside each one of us is an artist...but we think always that some other person, not ourself, has this quality. Let me tell you this, and I know it is true. If you would truly live and see the world, commence right now in your own city, village or anywhere to put down what you see. VISUALIZE *life.*
Arthur Lismer[11]

I have been on this art journey now for over thirty years. I am still an amateur. I have mastered some things, other things not at all. I still cannot draw the human figure terribly well but I'm fairly good at bones. I'm still looking for the perfect brush and a better folding chair. But I'm having a wonderful time.

I relate this to you to emphasize why I decided to write this book in the first place. I wanted to inspire you to draw, because of the joy drawing has given me. I wanted to inspire you to embark on your own art journey, because of the richness my own art journey has added to my life. I hope I've converted you to the cause!

Learning to draw and paint is an ongoing, extraordinary adventure. It will fill your days with passion and deep inner pleasure. You will find that whether or not the sketch deserves to be framed is a secondary matter, because you will be enjoying the process of your own creativity and the inevitable development of your skill.

You will, I believe, also come to see the world anew. Spending time learning to draw is spending time learning to see; nature will reveal more fully the beauty of her proportions, buildings will reveal

Conclusion

Enfin, je suis de plus en plus enragé du besoin de rendre ce que j'éprouve et fais des vœux pour vivre encore pas trop impotent, parce qu'il me semble que je ferai des progrès.
Claude Monet[11]

À l'intérieur de chacun-e d'entre nous se trouve un-e artiste [...] mais nous pensons toujours que quelqu'un d'autre, et non pas nous, possède cette qualité. Laissez-moi vous dire ceci, et je sais que c'est la vérité. Si vous voulez vraiment vivre et voir le monde, commencez dès maintenant dans votre propre ville, votre village ou n'importe où ailleurs, à noter ce que vous voyez. VISUALISEZ *la vie.*
Arthur Lismer[12]

Je poursuis maintenant mon parcours artistique depuis plus de trente ans. Je suis toujours un amateur. Je maîtrise certaines choses; d'autres, pas du tout. Je n'arrive pas encore à très bien dessiner la figure humaine, mais je dessine assez bien les ossements. Je suis encore à la recherche du pinceau parfait et d'une meilleure chaise pliante. Mais j'ai beaucoup de plaisir.

Je vous raconte ceci pour souligner les raisons qui m'ont incité à écrire ce livre. Je voulais vous inspirer à faire du dessin, à cause du bonheur que m'a procuré cette activité. Je voulais vous inciter à vous engager dans votre propre parcours artistique, à cause de la richesse que mon parcours a donnée à ma vie. J'espère que je vous ai gagnés à la cause!

L'apprentissage du dessin et de la peinture est une extraordinaire aventure à long terme. Elle emplira vos journées de passion et d'intense plaisir intérieur. Peu importe si vos dessins méritent d'être encadrés ou non, vous goûterez le processus de votre propre créativité, et l'inévitable développement de vos habiletés.

their history, people their idiosyncratic selves. You will be able to render the world in a new vocabulary, a new language. And, you may well learn more about yourself in the process.

Every week a new book is written or research conducted on the physical and psychological benefits of creative activity, especially its positive effects on the aging process. I won't start quoting these sources; scientific validation of the benefits of drawing is not the objective of this book. However, there is little doubt that if you want to keep your brain cells alive and your memory keen, there is no better activity than art.

You may encounter dangers. You may have to dodge traffic to get the right view. You may miss a bus or even dinner. You may get caught in a sudden downpour. But you are sure to develop new friendships based on your passion for sketching or renewed interest in museums right in your neighbourhood. Mostly you may find you enjoy your own company as you can easily lose yourself for an hour or two in the simple act of drawing the tree outside your window or the one in your mind's eye.

In our increasingly complex, fast-paced world, the simplicity of the act of drawing carries increasing appeal as a way of holding on to something so fundamentally human. As recently as two weeks ago, I was sketching rocks along the southern shore of the St. Lawrence River. I'm eighty-four years old, soon to be eighty-five. I still wake each morning, eager to capture on paper with my pencil or brush, a little corner of the world's inordinate beauty, as best I know how.

Je crois aussi que vous verrez le monde avec un œil neuf. Le temps consacré à l'apprentissage du dessin est aussi consacré à l'éducation du regard : la nature vous dévoilera plus pleinement la beauté de ses proportions, les pierres vous révéleront leur histoire, et les gens, leur personnalité. Vous serez en mesure de reproduire le monde à l'aide d'un nouveau vocabulaire, un nouveau langage. En outre, il se peut fort bien que du coup, vous appreniez davantage à propos de vous-même.

Chaque semaine, on publie un nouveau livre traitant des bienfaits physiques et psychologiques de l'activité de création, et notamment sur ses effets positifs en regard du processus de vieillissement. Je n'irai pas citer ces sources; la validation scientifique des bienfaits du dessin ne constitue pas l'objectif du présent livre. Toutefois, il n'y a probablement pas de meilleure activité que l'art, si vous voulez garder vivantes les cellules de votre cerveau et cultiver votre mémoire.

Vous allez peut-être courir des dangers. Vous devrez peut-être vous faufiler entre les voitures pour trouver le meilleur point de vue. Vous allez peut-être rater votre autobus, ou même le dîner. Vous serez peut-être surpris par une pluie torrentielle. Mais vous allez certainement nouer de nouvelles amitiés fondées sur votre passion pour le dessin, ou sur un regain d'intérêt pour les musées de votre quartier. Et surtout, vous allez peut-être découvrir que vous appréciez votre propre compagnie, puisque vous pourrez oublier tout le reste pendant une heure ou deux, simplement en dessinant l'arbre entrevu par la fenêtre, ou encore, un arbre imaginaire.

Dans notre monde toujours plus complexe, au rythme accéléré, la simplicité de l'acte de dessiner offre un intérêt croissant pour qui veut se raccrocher à quelque chose d'aussi fondamentalement humain. Pas plus tard qu'il y deux semaines, je dessinais des rochers le long de la rive sud du fleuve Saint-Laurent. J'ai quatre-vingt-quatre ans, bientôt quatre-vingt-cinq. Tous les matins, je me lève et j'ai hâte de reproduire sur papier, au crayon ou au pinceau, une petite parcelle de l'extraordinaire beauté du monde, au meilleur de ma connaissance.

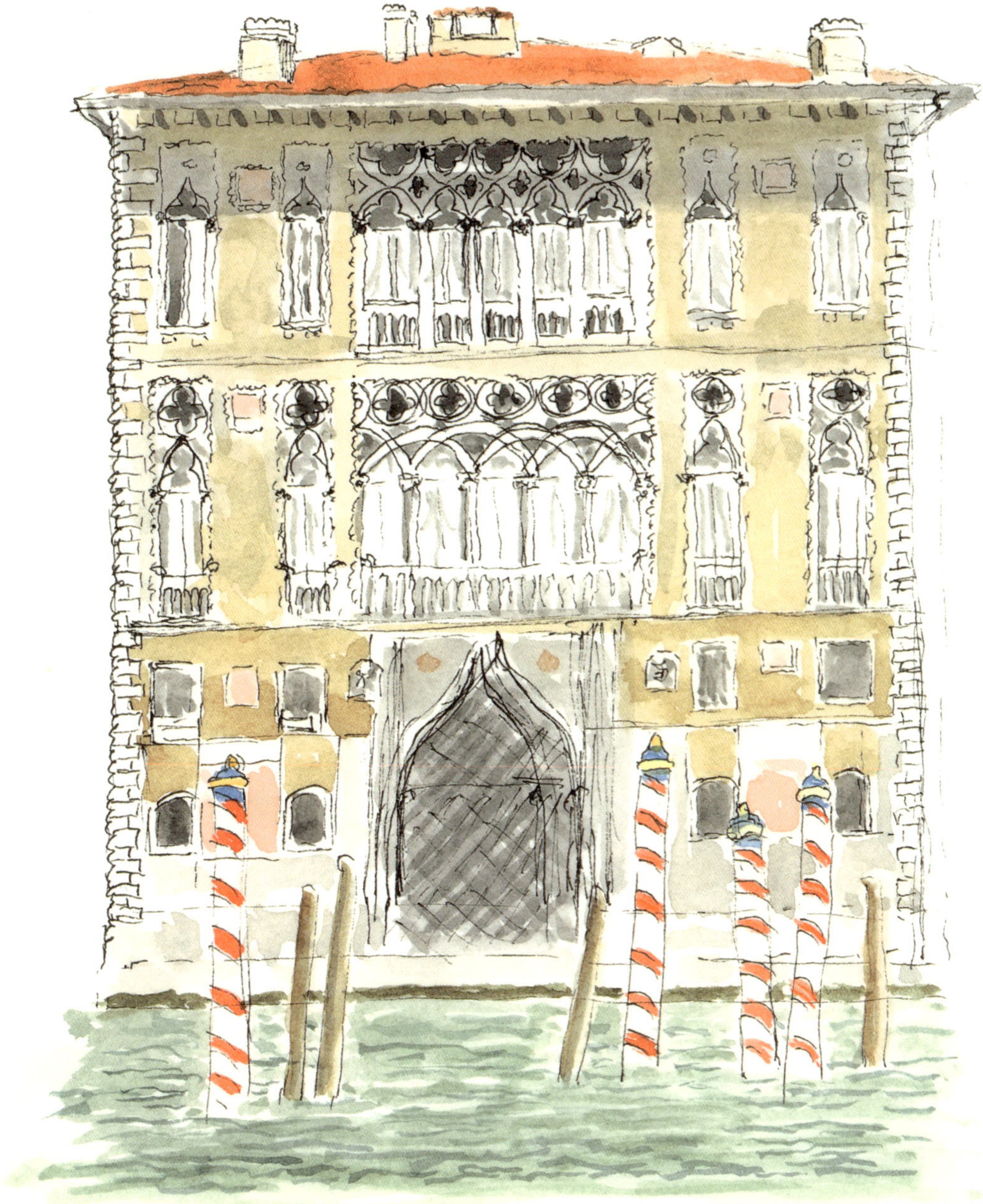

Grand Canal Palazzo, Venice

A comfortable bench beside the Grand Canal allowed me to leisurely observe this magnificent palazzo. I knew right away I had to sketch it. After an hour I remained another hour simply enjoying the sight and talking to passers-by.

Palazzo, Grand Canal, Venise

Assis sur un banc confortable le long du Grand Canal, j'ai pu observer à loisir ce magnifique palazzo. *J'ai tout de suite compris que je devais le dessiner. Après une heure de travail, je suis demeuré là pendant une autre heure, juste pour apprécier la vue et bavarder avec les passants.*

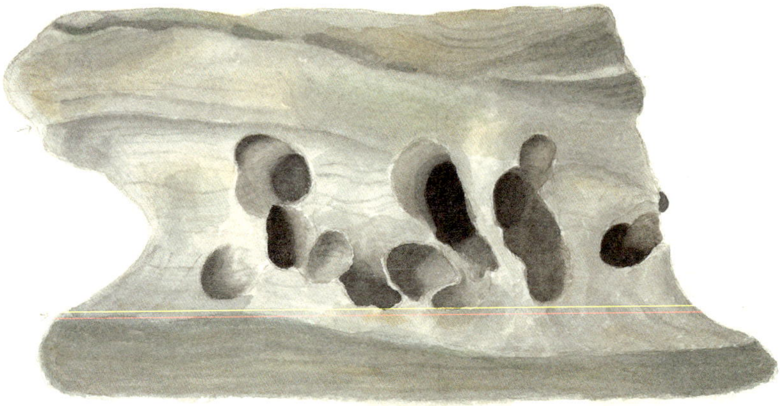

Eroded rock, Métis-sur-Mer, Québec (watercolour) / Roche effritée, Métis-sur-Mer, Québec (aquarelle)

Notes

1 Wilder Penfield, *The Second Career* (Boston: Little Brown and Company, 1963), p. 14.
2 Ibid.
3 Winston S. Churchill, *Painting as a Pastime* (New York: Cornerstone Library, 1965), p.12, 13
4 Kimon Nicolaides, *The Natual Way to Draw, a working plan for art study* (Boston: Houghton Mifflin Company, 25th printing, 1941), p. xiii.
5 Frederick Franck, *The Zen of Seeing: seeing, drawing as meditation* (New York: Vintage Books: distributed by Random House, 1973), p.11.
6 Emma Dexter, *Vitamin D, New Perspectives in Drawing* (New York: Phaidon Press Inc., 2005), p. 6.
7 John Ruskin, *The Elements of Drawing, Illustrated edition with notes by Bernard Dunston* (New York: Watson-Guptill Publications, 1997), p. 14.
8 Robert Henri, *The Art Spirit* (New York: Westview Press, 1984), p.78.
9 William Morris, quoted in John Ruskin, 1997, p.14.
10 Claude Monet, *Monet by Himself*, edited by Richard Kendall (London, MacDonald & Co., 1989), p.172.
11 Arthur Lismer, quoted in *A Border of Beauty, Arthur Lismer's Pen and Pencil* by Marjorie Lismer Bridges (Toronto: Red Rock Publishing Company, 1977), p. 109.

Notes

1 Wilder Penfield, *The Second Career*, Boston, Little, Brown and Company, 1963, p. 14. [Notre traduction, comme pour les suivantes, sauf indication contraire.]
2 *Loc. cit.*
3 Winston Churchill, *Painting as a Pastime*, New York, Cornerstone Library, 1965, p. 12-13.
4 L'auteur utilise ici l'expression anglaise correspondante, qui crée un jeu de mots sur le dessin : « back to the drawing board » (de retour à la table à dessin). [Note du traducteur.]
5 Kimon Nicolaïdes, *The Natural Way to Draw: a working plan for art study*, Boston, Houghton Mifflin Company, 1941, p. xiii.
6 Frederick Franck, *The Zen of seeing: seeing, drawing as meditation*, New York, Vintage Books, 1973, p. 11.
7 Emma Dexter, *Vitamin D: New Perspectives in Drawing*, New York, Phaidon Press, 2005, p. 6.
8 John Ruskin, *The Elements of Drawing*, New York, Watson-Guptil Publications, 1997, p. 14.
9 Robert Henri, *The Art Spirit*, New York, Westview Press, 1984, p. 78.
10 William Morris, cité dans John Ruskin, *op. cit.*, p. 14.
11 Claude Monet, cité dans Richard Kendall (dir.), *Claude Monet par lui-même*, Paris, Atlas, 1989, p. 172.
12 Arthur Lismer, cité dans Marjorie Lismer Bridges, *A Border of Beauty: Arthur Lismer's Pen and Pencil*, Toronto, Red Rock Publishing, 1977, p. 109.

This book has been typeset in Laurentian and Linotype Syntax and printed on Finch Fine paper. One thousand copies have been printed in Montréal by Imprimerie L'Empreinte in December of two thousand and eight.

Cet ouvrage, composé en caractères Laurentian et Linotype Syntax et tiré à mille exemplaires sur papier Finch Fine, a été achevé d'imprimer à Montréal en décembre deux mille huit par Imprimerie L'Empreinte.

Editing: Victoria LeBlanc
Copy Editing: Elizabeth Cameron
Translation: Denis Lessard
Design: Glenn Goluska
Photography: Brian Merrett

Révision : Victoria LeBlanc
Traduction : Denis Lessard
Conception graphique : Glenn Goluska
Photographie : Brian Merrett